입사후 1년

평생을 좌우한다

**You can't win a fight with your boss
& 101 other rules for career success**

Copyright ⓒ 2004 by Tom Markert
All rights reserved.

Korean translation Copyright ⓒ 2004 by ID Book
This Korean edition was published by arrangement with
HarperCollins Publishers through BEST Agence, Seoul.

입사후 1년
평생을 좌우한다

탐 마커트 지음 | 권희정 옮김

아이디북

입사 후 1년, 평생을 좌우한다

초판 1쇄 인쇄   2004년 10월 10일
초판 4쇄 인쇄   2008년   7월 23일

지은이 탐 마커트
옮긴이 권희정
펴낸이 김철수
편 집 최봉식
디자인 김현민
삽 화 최병용

인쇄·제본 (주)상지사 피앤비

펴낸곳 아이디북
등 록 1988년 2월 27일 제8-44호
주 소 서울시 은평구 응암동 244-211
전 화 02)322-7792 | 팩스 (02)322-9826

ISBN 89-90351-11-1 03320

* 잘못 만들어진 책은 구입하신 서점에서 교환해 드립니다.

입사 후 1년,
당신은 지금 어디로 가고 있는가?

당신은 입사한지 이미 1년이 지났다. 자기 자리도 찾지 못하고 우왕좌왕하며 선배들의 눈치나 보고, 복사 심부름, 문서 수발 등 온갖 잡일에 시달린지 어언 1년. 이제부터 슬슬 당신의 위치를 찾아야 할 때이다. 다음 사항을 점검해보자.

나는 내 업무를 제대로 파악하고 있는가?

나는 내 자리가 승진하기 좋은 자리라고 생각하는가?

나는 내 업무를 재미있게 할 수 있는 능력이 있는가?

나는 나의 적성과 현재 업무가 맞는다고 생각하고 있는가?

나는 적은 노력으로 최대의 성과를 얻고 있는가?

나는 새로운 기획에 도전하고 있는가?

나는 상사에게 짐이 되고 있지 않은가?

나는 공부를 게을리 하고 있지 않은가?

나는 내 업무가 장차 나의 발전과 연관이 있다고 생각하는가?

나는 동료와 관계가 좋은가?

나는 나를 싫어하는 동료를 내편으로 만들 수 있는 자신이 있는가?

나는 경쟁자보다 한발 앞섰다고 생각하는가?

나는 남보다 실적이 좋은가?

나는 2년 안에 승진할 자신이 있는가?

말단 사원에서 출발하여 글로벌 기업의 회장까지 성장한 탐 마커트가 당신이 직장에서 성공할 수 있도록 당신의 파트너를 자청했다.

"천 리 길도 한 걸음부터 시작한다."

중국의 철학자 노자는 기원전 6세기 무렵에 이렇게 말했다. 이 말은 더할 나위 없이 훌륭한 조언이며, 오랜 세월을 거쳐 오늘날에도 여전히 유효하다. 당신이 지금 이 책을 읽고 있다는 사실—한 걸음을 내딛고 있는—은 당신이 다른 경쟁자들보다 우위에 서게 될 것임을 의미한다.

당신은 다른 사람한테서, 지나간 과거에서, 그리고 당신 자신의 성공과 실패에서 분명히 무언가를 배울 수 있다. 그 배움의 과정은 당신의 발걸음이 올바른 행동을 취하도록 촉진할 것이다. 그리고 올바른 행동을 취함으로써 당신은 크든 작든 당신이 몸담고 있는 회사 내에서 빠른 속도로 앞서 나가게 될 것이다.

회사 내에서 빠른 속도로 앞서 나간다는 것은 커다란 모험이 될 수 있고, 심지어는 사나운 항해가 될 수도 있다. 성공을 보장하는 어떤 마술 같은 공식은 없지만, 만약 당신이 최고 경영자의 자리에 오르길 원한다면 반드시 따라야할 명백한 원칙들이 있다. 나는 '프락터 & 갬블(Procter & Gamble)', '시티코프(Citicorp)', 그리고 가장 최근에 '에이씨닐슨(A.C.Nielsen)'과 같은 회사에서 지난 20년간 경험을 쌓았고, 그 경험을 바탕으로 당신이 최고 경영자의 자리에 오르는데 도움이 될 수 있는 다음과 같은 원칙들을 쓰게 되었다. 그러므로 당신이 기꺼이 배우고자 한다면 계속 읽기 바란다!

만약 당신이 성공적인 사회생활에 필요한 모든 것을 이미 알고 있다고 생각한다면 나는 당신의 자아(自我)에 박수를 보내겠지만, 조심하라. 왜냐하면 당신은 당신이 알지도 못하는 일련의 원칙들을 자유자재로 이용하는 누군가에 의해 곧 쓰러질 것이기 때문이다. 그건 틀림없는 사실이다. 그런 일은 모든 회사 내에서 날마다 일어나고 있다.

이 원칙들을 따른다면 당신은 최고 경영자의 자리에 도달할지 모르지만, 만약 무시한다면 결국 길에서 죽음—당신은 회사라는 도로 한쪽에 죽은 채로 누워있고 다른 운전자들은 계속해서 당신

앞을 지나가는—을 맞이할지도 모른다.

당신이 최근에 학교를 졸업하고 이제 막 사회생활에 첫발을 내디뎠든, 아니면 사회생활이라는 경기에 이미 참여하고 있든, 이 책 속에 담긴 내용을 터득하는 데는 90여분 정도가 소요될 것이며 그것은 이제껏 당신이 보낸 시간 중에서 최고가 될 것이다.

마음을 열고, 열정적으로 이 책을 읽고 '배우라.'

차 례

이 책을 읽기 전에

성공 1 열심히, 그리고 민첩하게 일하라 / 17

성공 2 어떤 자격을 부여받은 사람은 아무도 없다! / 18

성공 3 동기를 부여하라 / 20

성공 4 시간을 투자하라 / 23

성공 5 필요한 일은 무엇이든 하라 / 27

성공 6 매력적인 사람이 되어라 / 29

성공 7 훌륭한 상사를 찾아라 / 30

성공 8 상사를 존경하라 / 32

성공 9 상사를 먼저 승진시켜라 / 34

성공 10 상사와 싸워서 이길 수 없다 / 36

성공 11 명성을 얻어라 / 39

성공 12 상사를 알라 / 42

성공 13 상사가 무대에 오르기 전에 정보를 주어라 / 44

성공 14 상사배우자의 마음에 들도록 하라 / 46

성공 15 적절한 복장을 갖춰라 / 48

성공 16 끝 손질을 활용하라 / 50

성공 17 건강하고 날씬한 몸매의 소유자가 되어라 / 52

성공 18 얼굴에 수염을 기르지 말라 / 54

성공 19 멋진 자동차를 운전하라 / 56

성공 20 자동차를 항상 깨끗하게 유지하라 / 58

성공 21 미소를 지어라, 미소는 전염된다 / 60

성공 22 제대로 먹어라 / 62

성공 23 몸을 움직여라 / 64

성공 24 '신(新) 부자'가 되지 마라 / 66

성공 25 전문가가 되어라 / 68

성공 26 책을 읽어라 / 70

성공 27 자격증을 취득하라 / 72

성공 28 글을 잘 써라 / 74

성공 29 숫자에 밝아라 / 76

성공 30 흥미로운 사람이 되어라 / 78

성공 31 교육을 강요하라 / 80

성공 32 현명한 조언자를 구하라 / 83

성공 33 도전적인 일을 시도하라 / 85

성공 34 골프를 배워라 / 87

성공 35	주인이 되어라 / 89
성공 36	선처(善處)는 먹을 수 없다 / 91
성공 37	나쁜 성과를 낙관하지 마라 / 92
성공 38	크다고 반드시 더 좋은 것은 아니다 / 94
성공 39	작은 일이 더 좋을 수도 있다 / 96
성공 40	놀랄 만한 끈기를 발휘하라 / 98
성공 41	권한을 위임하라 / 99
성공 42	회의를 제시간에 시작하고 끝내라 / 100
성공 43	'투 차트 룰'을 실행하라 / 102
성공 44	제시간에 나타나라 / 104
성공 45	당신에게 걸려온 전화는 직접 받아라 / 106
성공 46	지출 명세서를 부풀리지 마라 / 108
성공 47	출장을 준비하라 / 109
성공 48	당신은 홀로 일어서야 하는 어린아이이다! / 112
성공 49	최고의 일을 구하라 / 114
성공 50	회사를 신중하게 선택하라 / 116
성공 51	당신의 일을 디즈니랜드로 만들어라 / 118
성공 52	업무 평가를 요구하라 / 120
성공 53	상사를 미치게 만들고 있지는 않은가? / 122
성공 54	규칙대로 하라 / 123

성공 55	해외 주재원이 되어라 (단 당신에게 적합하다면) / 125
성공 56	'특별' 하다고 해서 항상 좋은 것은 아니다 / 127
성공 57	당신이 독불장군이라면? / 128
성공 58	변화를 추구하라 / 130
성공 59	회사의 임명(任命) 체계를 이용하라 / 132
성공 60	올바르게 사임(辭任)하라 / 134
성공 61	과도한 욕심은 버려라 / 139
성공 62	토드 브랜트 같은 사람이 되어라 / 141
성공 63	소송은 하느냐 마느냐, 두 가지 선택밖에 없다 / 142
성공 64	회사의 법률 고문과 친구가 되어라 / 144
성공 65	중요한 프레젠테이션을 준비하라 / 148
성공 66	재능 있는 사람들로 주위를 채워라 / 150
성공 67	모든 공(功)을 팀에게 돌려라 / 152
성공 68	들리지 않는 말에 귀를 기울여라 / 154
성공 69	삶의 추종자를 만들어라 / 156
성공 70	당신 팀의 코치가 되어라 / 158
성공 71	당신의 직원들을 최고로 보살펴라 / 160
성공 72	'감사하다' 는 말에 인색하지 마라 / 162
성공 73	음주자리에서는 먼저 상대를 배려하라 / 164
성공 74	거만한 사람이 되지 마라 / 166

성공 75　순교자가 되지 마라 / 168

성공 76　세대별로 차이점을 이해하라 / 169

성공 77　지적(知的)인 위험을 무릅써라 / 173

성공 78　올바로 고용하고, 해고는 빨리하라 / 174

성공 79　방해꾼을 없애라 / 176

성공 80　후임자 계획을 세워라 / 178

성공 81　절대 화려한 플레이를 선보이지 마라 / 180

성공 82　변죽을 울리지 말고 사실을 말하라 / 182

성공 83　실수를 인정하라 / 184

성공 84　절대 똑같은 실수를 두 번 반복하지 마라 / 186

성공 85　직감을 믿어라 / 187

성공 86　다른 직원을 중상(中傷)하는 메모를 남기지 마라 / 189

성공 87　상대를 알라 / 190

성공 88　상대방을 우호적으로 만들어라 / 192

성공 89　기업 내의 정치 문화를 인정하라 / 193

성공 90　일 중독자는 성공하지 못한다 / 195

성공 91　집을 사무실로 만들지 마라 / 197

성공 92　주말에는 쉬어라 / 199

성공 93　스트레스를 날려버려라 / 201

성공 94　수면 부족은 당신의 적이다 / 204

성공 95	근심거리는 문 밖에 버려라 / 206
성공 96	회식자리에 꼭 참석하라 / 207
성공 97	플레이보이와 플레이걸은 승진하지 못한다 / 208
성공 98	친구와 일을 별개로 생각하라 / 210
성공 99	인기 있는 사람이 되려고 하지 마라 / 212
성공 100	신중하라 / 214
성공 101	회사는 당신을 중심으로 돌아가지 않는다! / 216

책을 마치고

저자소개

열심히, 그리고 민첩하게 일하라

만약 '빨리 부자가 될 수 있다'는 말을 듣는다면 뒤도 돌아보지 말고 도망가라. 당신은 사기를 당하는 중이다.

돈을 벌기 위해서는 일을 해야 한다. 많은 돈을 벌기 위해서는 정말로 열심히, 그리고 정말로 민첩하게 일을 해야 한다.

성공의 원칙 1은 이 책의 초석이다. 열심히, 그리고 민첩하게 일해야 한다는 사실을 기억하라.

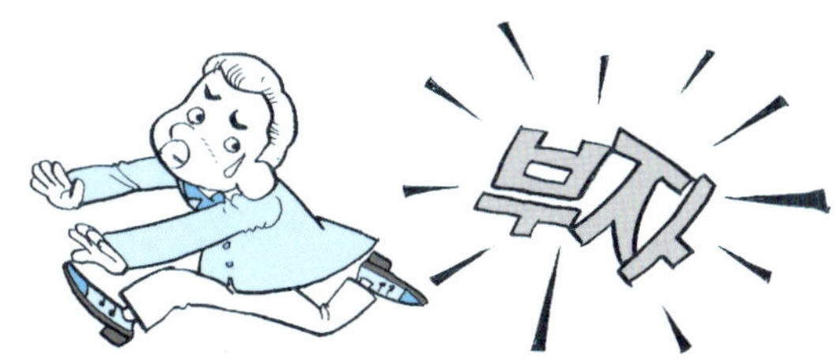

어떤 자격을 부여받은 사람은 아무도 없다!

지금 당장 이 말에 귀를 기울여라. 회사 내에서 어떤 자격을 부여받은 사람은 아무도 없다. 단 한 가지도 정해진 것은 없다. 절대로 없다.

당신은 현재의 지위를 유지할 자격을 부여받았다고 생각하는가?

사실은 그렇지 않다.

당신은 승진할 자격을 부여받고 있다고 생각하는가?

사실은 그렇지 않다.

당신은 더 많은 돈을 받을 자격이 있다고 생각하는가?

사실은 그렇지 않다.

당신은 큰 영업소를 운영할 자격이 있다고 생각하는가?

사실은 그렇지 않다.

업무는 자격과 아무런 관련이 없다. 업무는 성취에 관한 것이다. 만약 당신이 변함없이 당신의 역할을 수행할 수 있도록 업무가 주어졌다면 그에 따른 보수를 받을 것이다.

나는 연공에 따라 보상하는 직원 프로그램을 찬성하지 않는다. 신참 직원을 위한 투자는 고참 직원을 위한 투자와 똑같아야 한다. 자신의 의무를 다하고 앞서 나가는 사람은 보수 역시 더 많이 받아야 한다.

나는 종신 재직에 대해서도 비슷한 견해를 갖고 있다. 어떤 나라에서는 한번 재직권을 획득한 교사들이 평생 동안 그 지위를 유지한다. 그건 웃기는 이야기이다! 종신 재직이라는 제도 아래서 사람들은 아무런 노력 없이 손쉽게 대가를 얻는다. 그건 말도 안 된다. 성공적인 회사라면 그런 일을 절대로 허용하지 않을 것이다.

의무를 다해야만 당신은 지위를 유지할 수 있다!

동기를 부여하라

당신이 강인한 자아의 소유자가 아니라면 당신은 오늘날 대기업의 고위 경영자가 될 수 없다. 생존을 위해 다소 자기중심적으로 행동하지 않는 사람이라면 엘리트 수준의 성공에 이르는 작업은 지나치게 어렵고, 복잡하고, 또 지나치게 많은 것을 요구하는 것처럼 보일 것이다.

자신감은 성취하는데 '필요한 것'을 당신에게 심어주고, 실패의 두려움을 없애준다. 모든 고위 경영자의 자리는 명백하게 보이는 자리이다. 그 자리는 오늘날 스포츠 팀의 코치가 되는 일과 결코 다르지 않다.

미국 콜게이트(Colgate) 대학의 남자 농구부 수석 코치 에미트 데이비스(Emmett Davis)는 내게 이렇게 말한 적이 있다.

"내 성적은 날마다 신문에 고시됩니다."

오스트레일리아 올림픽 농구 코치이자 '시드니 킹스(Sydney Kings)'의 사장인 브라이언 고리언(Brian Goorjian)도 역시 이러

한 의견을 피력했다.

"사람들은 내가 사무실에서 하루를 어떻게 보내는지 다 알고 있습니다. 라디오와 TV를 통해서 중계방송이 되고 있으니까요."

이것은 회사 내에서도 마찬가지이다. 회사의 성적표는 연례 보고서에 해당하며 많은 사람들이 그것을 읽는다. 패전을 기록한 코치와 경영자는 그들의 지위를 유지하지 못한다. 두려움이 성공에 동기를 부여한다.

돈 역시 성공에 동기를 부여한다. 당신은 대기업의 최고 경영자 자리를 맡아 많은 돈을 벌 수 있다. 최고 경영자의 연봉은 막대할 수밖에 없다. 왜냐하면 좋든 싫든 경영자가 조직에 미치는 영향력 또한 막대하기 때문이다. 회사는 경영자의 재능과 성과(成果) 모두에 대해 보수를 지불한다. 돈이 당신에게 동기를 부여한다면 이상적이다. 당신은 재빨리 고속 승진에 도전할

게 틀림없기 때문이다.

만일 당신이 돈버는 일이 아닌 보람 있는 일을 찾고 있다면 당신에게 심리적 소득을 가져다줄 다른 많은 직업을 선택할 수 있다. 예를 들면, 사회사업가는 대개 세상에 알려지지 않은 영웅들이다. 사회사업가는 사람들이 엄청난 역경을 헤쳐 나가도록 도와준다. 일반적으로 그 일은 매우 힘들지만 대가는 매우 적다. 하지만 사회사업가는 진정으로 사람들의 삶을 변화시키는 기회를 얻고 있으며, 그것은 대단히 보람 있는 일이다. 바꿔 말하면, 심리적 소득은 대기업을 경영하길 원하는 사람에게는 동기를 부여하지 못한다.

자부심과 돈은 성공에 대한 좋은 동기부여가 될 수 있다. 그렇지 않은 것처럼 가장하지 말자.

시간을 투자하라

　당신은 시간을 속일 수 없다. 순수한 시간적 관점에서 일을 충실하게 수행하지 않고는 다른 사람을 앞서 나갈 수 없다. 나는 지난 20년간 세계를 상대로 일하면서 이것이 보편적 진실이라는 걸 깨닫게 되었다. 어떤 문화권은 다른 문화권보다 더 많은 것을 요구하는데, 북아메리카가 가장 까다롭다. 현재 '에이씨닐슨'의 모회사인 'VNC'의 기업 개발 부사장으로 있는 친구 테드 마질리(Ted Marzilli)는 미국의 최고 컨설팅 회사에서 보낸 사회 초년병 시절을 이렇게 회상한다.

　"우리는 근무 시간 기록표를 작성하면서 큰 소리로 웃곤 했지. 매주 우리가 보수를 '청구'할 수 있는 최대치는 하루에 8시간씩 총 40시간이었지만, 실제로는 그 두 배에 해당하는 시간을 일하곤 했거든. 그게 현실이었지. 우리는 고객을 위해 부지런히 뛰어다녀야 했고, 개인적으로는 계속 내적 평가를 내려야 했어. 물론 근무시간이 일의 성과를 측정하는 유일한 기준은 아니었지만, 팀 동료들은 저녁 8시가 되면 식사를 주문하곤 했지. '일찍' 퇴근하는 건 분명 성공을 향한 전형적인 루트가 아니었으니까."

"어떤 컨설팅 프로젝트이든 해야 할 일은 끝도 없게 마련이야. 프로젝트 매니저나 파트너가 '이런, 늦게까지 너무 열심히 일하는군. 오늘밤은 일찍 퇴근하는 게 어때?' 라고 말하는 경우는 극히 드물었지. 현실은 승진 아니면 아웃이고, 성과를 올리지 못하면 회사를 떠나달라는 말을 듣게 되니까. 회사에서 어떤 위치에 있든지, 누구나 항상 성과에 대한 압력을 받고 있어. 모든 프로젝트는 새로운 '탐험'이기 때문에 절대로 현재의 영예에 만족할 수도 없고 또 노력 없이 뭔가를 얻는 일도 불가능하지."

비용 청구가 가능한 시간의 기록에 따르든, 아니면 장시간 예상치로 환경을 설정한 것에 따르든, 전문적인 서비스 회사는 일하면서 보낸 시간을 개인의 업무수행과 회사에 대한 기여도를 측정하는 중요한 기준으로 사용한다. 이것은 시간이라는 단순한 숫자에 관한 것이 아니라, 그날의 가능한 생산성을 매순간마다 어떻게 짜내느냐 하는 것이다. 당신은 점심시간도 잊은 채 일에 몰두할 수 있다. 점심을 먹는 동안에는 회사를 위해 돈을 벌 수 없다.

만약 당신이 시간을 투자하지 않으면 당신만큼 똑똑하고 영리한 누군가가 그렇게 할 것이다. 현실에서는 강한 자가 살아남는다. 내가 선택한 방침은 주말에는 일하지 않는 것이다. 솔직히, 휴식을 취하는 것도 좋지만 때로는 휴식이 도움이 안 될 때도 있다. 나는 지금껏 월요일에서 금요일까지 나의 모든 시간을 실제로 회사에 반납했다. 시간으로 따지면 일주일에 결코 60시간보다 적지 않고 때로는 60시간을 훨씬 초과한다. 전념하고 몰두하지 않는 재능은 당신을 최고 경영자의 자리에 올려놓지 못한다. 어떤 조직이든 성공을 향해 나아갈수록 당신과 똑같은 재능을 갖고 있는 수많은 경영자들을 만나게 될 것이다. 똑같은 선상에 서 있지만 누군가는 반드시 더 열심히 일하고 있다.

가족을 돌보는 일과 회사 업무 사이에서 균형을 맞추려고 시도하는 부부들은 아이들을 돌보는 데 필요한 시간을 어떻게 만들 것인지 고려해야 한다. 나는 그 일에 성공한 부부와 실패한 부부를 보아왔다. 간단히 말해서 아이들을 돌보는 환경이 매우 유연하면 성공하고, 그렇지 못하면 실패한다. 당신은 예정된 시간을 초과해서 진행될지도 모르는 CEO와의 미팅에서 마지막까지 자리를 지키고 있어야 한다. 일을 마치지 못했다면 퇴근시간이 되었더라도 퇴근준비를 할 수 없다. 만일 사회생활을 엘리트 수준에서 유지하기로 결심하고 있다면 상당히 유연하고 질이 높은 환경에서 아이들을 돌볼 수 있도록 돈을 투자하라. 많은 부부들이 그렇게 하고 있다.

필요한 일은 무엇이든 하라

미국의 정치 전략가 제임스 카빌(James Carville)은 '제이 리노의 투나잇 쇼(Tonight Show with Jay Leno)'에 출현해서 팀을 승리로 이끌기 위해 무엇이 필요한지 한 마디로 요약했다.

카빌은 리노에게 어떤 후보자와 면접하든지 그 후보자가 자기 팀은 남보다 앞서 나가기 위해 '아첨' 따위를 하는 일은 절대 없을 거라고 말하면 그 면접은 끝이라고 설명했다. 카빌은 승리를 위해서라면 무슨 일이든 할 준비가 되어 있는 팀을 갖기를 원한다.

성공한다는 것은 종종 당신이 카멜레온이 되어야 한다는 것을 의미한다. 이것은 부정직하거나 불성실한 사람이 되라는 뜻이 아니다. 목표를 달성하기 위해 정당한 방법을 찾으라는 뜻이다. 때때로 이것은 당신에게 불편하거나 부자연스러운 일을 하도록 요구하기도 한다. 몸을 힘껏 뻗어 실행하라. 당신의 가치를 타협해선 안 되지만, 승리하는 방법은 찾아내야 한다.

승리에 필요한 모든 일을 완벽하게 수행할 수 없다면 당신은 최고 경영자 자리에 오르지 못할 것이다. 너무나도 많은 경쟁자들이 그런 추진력과 욕망을 갖고 있다. 당신 자신을 깊이 들여다보고, 그것을 갖고 있는지 살펴보라.

앤드류 마이클(Andrew Michael)이라는 나의 친한 친구는 의류업계에 종사하고 있다. 마이클은 한때 당시 일류 백화점의 새로운 전무이사였던 던 로버트슨(Dawn Robertson)을 만나기 위해 얼마나 필사적으로 노력했는지를 들려준 적이 있었다. 여러 차례의 시도에도 로버트슨을 만날 수 없었던 마이클은 비서에게 전화를 걸어 로버트슨과 만나게 해달라고 간절히 청했지만 아무 소용이 없었다. 마이클은 비서에게 로버트슨의 다음 항공편을 물어보며 이렇게 말했다.

"항공편의 시간과 장소는 전혀 문제될 게 없습니다. 로버트슨 씨에게 제가 옆자리에 앉아도 되는지 여쭤봐 주십시오."

마침내 그들은 브리즈번으로 향하는 비행기에 함께 올랐다. 로버트슨은 마이클이 제정신이 아니라고 생각했지만 그의 끈질긴 노력을 마음에 들어 했다. 현재 두 사람은 그 날을 이야기하면서 웃을 수 있고, 계속해서 사업 관계를 유지하고 있다. 아무 목적지도 없는 비행기가 성공을 가져다 줄 수도 있는 것이다!

매력적인 사람이 되어라

　당신은 사회생활을 하면서 때로는 회사 밖의 고객에게, 때로는 회사 안의 직원에게 항상 자신을 팔고 있다. 아침에 집을 나설 때 당신의 매력을 발산하라. 기분을 고양시키고 행복한 미소를 지어라. 호기심과 관심을 끌고 다른 사람에게 도움을 주어라.

　성공하는 사람들은 매일 매순간 자기 자신을 판매한다. 이것은 능수능란한 세일즈맨처럼 보이거나, 혹은 지나치게 친절을 베풀거나, 거짓된 사람으로 보여야 한다는 뜻이 아니다. 단순히 거짓 없고 매력적인 사람이 되는 것이 요령이다. 이것은 실행하기가 그다지 어려운 일이 아니다. 다만 조심해야 할 것은 가장 자연스럽게 표현해야 한다는 것이다.

훌륭한 상사를 찾아라

윗사람의 리더십을 면밀히 살펴서 함께 일하고 싶은 훌륭한 상사를 찾으려고 노력하라. 이것은 고등학교나 대학을 다닐 때와 결코 다르지 않다. 되돌아보라. 훌륭한 스승과 평범한 스승이 있었다. 당신은 어떤 스승에게 가장 많이 배웠는가? 배움을 즐겁게 만든 사람이 누구였는가? 그것은 회사에서도 마찬가지이다.

나는 정말로 훌륭한 상사를 위해 일할 만큼 충분히 운이 좋았다. 그는 나에게 '에이씨닐슨 캐나다'의 사장 자리를 제안했고, 당시 그것은 내게 커다란 직책이었다. 그의 이름은 모리 페이지(Maury Pages)로 모든 면에서 신사였다. 그는 '펩시'에서 오랜 기간 매우 성공적인 경력을 쌓은 뒤 '에이씨닐슨'으로 자리를 옮겼다.

페이지와 함께 했던 경험이 인상적인 이유는 그가 언제나 나를 자신만만하고 에너지 넘치는 사람으로 느끼게끔 만들었기

때문이다. 그는 항상 긍정적이었다. 그는 내게 자율권을 허락했지만, 물론 필요한 모든 순간에는 고함을 질렀다! 그리고 그는 항상 그곳에 있었다. 내가 전화상으로 그를 필요로 하면 그가 전화를 받았다. 내가 캐나다에서 그를 필요로 하면 그가 달려왔다. 내가 고객 미팅에서 그를 필요로 하면 항상 그가 왔다. 그는 나의 가족에게 관심을 기울였고 우리는 야구에 대한 열정을 공유했다. 나는 그를 위해 높은 산을 뛰어올랐다. 나는 그때까지 한번도 그렇게 열심히 일한 적이 없었고, 또 한번도 그렇게 행복한 적이 없었다.

훌륭한 상사를 찾는 일은 어렵지만 훌륭한 상사는 실로 커다란 차이를 만든다. 만약 당신에게 선택권이 있다면 최고의 상사를 고르라.

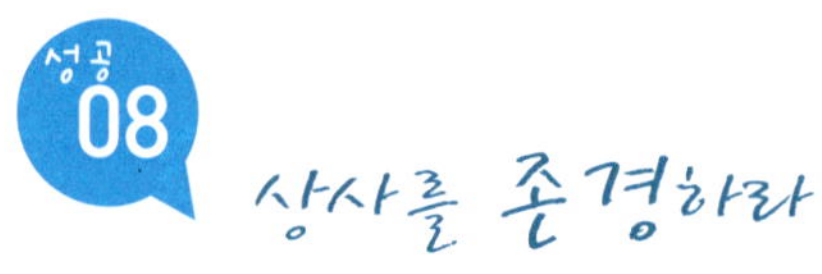

상사를 존경하라

상사는 당신 생계의 의지가 되는 사람이다. 따라서 존경하는 마음으로 대해야 한다. 당신은 상사가 성공하고 훌륭하게 보일 수 있도록 도와야 한다.

상사에 대한 존경심은 진실할 필요가 있다. 상사를 존경하고 있지 않다는 어떠한 외적인 표시도 회사 내의 다른 사람들에게는 반항처럼 비춰지게 될 것이다. 당신이라면 반항의 소지가 엿보이는 사람을 고용하거나 승진시키겠는가? 그렇지 않을 것이다. 왜냐하면 그럴 경우 어깨 너머로 되돌아보는데 하루의 절반을 보내야 하기 때문이다.

이것은 분명한 일로 회사 내에서 끊임없이 일어나고 있으며 결과는 항상 똑같다. 즉, 상사가 이기고 반항적인 직원은 패배한다. 만약 그 직원이 운이 좋다면 다른 부서의 새로운 매니저 밑으로 배치될지도 모르지만 결국 잉여인력 리스트, 혹은 더 나쁘게 퇴출인력 리스트에 이름이 등재될 수 있다.

절대로 당신의 상사에게 적정 수준의 존경심을 표시하는데
인색하지 마라.

상사를 먼저 승진시켜라

상사는 크기와 모양, 맛이 전부 제각각이다. 당신이 좋아하는 상사가 있고 그렇지 않을 상사도 있겠지만 그건 그다지 중요하지 않다. 상사는 당신을 앞으로 나아가게 만드는 수로(水路)이다. 그들의 지원이 없으면 당신은 정체(停滯)되고 만다.

항상 침착하고 차분하게 상사들을 대하라. 절대로 상사들이 모르는 정보를 혼자 알고 있어서는 안 된다. 크리스마스를 제외하면 상사들은 예기치 못한 일을 싫어한다. 사업에서 예기치 못한 일은 재앙이 될 수도 있다. 예기치 못한 일은 경영자를 시세에 뒤지고 무능하게 만든다.

나쁜 소식이 들려오고 있다면 상사에게 말하라. 당신의 의견을 신중하게 피력해야 하지만 사실을 밝혀라. 크든 작든 모든 회사는 몇 가지 계획으로 나쁜 소식에 매우 효과적으로 대처할 수 있다. 무슨 수를 써서라도 위기는 피해야 한다.

상사에게 공손하고 정중한 태도로 조언하라. 상사의 영역을

침범해서는 안 된다. 당신이 상사에게 마음을 연다면 대개 상사 역시 당신에게 마음을 열 것이다. 상사는 당신이 성공하는데 필요한 정보를 알고 있으므로, 혹시 상사가 당신의 감정을 상하게 하더라도 괘념치 마라.

당신이 앞서 나갈 수 있는 가장 빠른 방법은 당신의 상사를 승진시키는 일이다. 당신의 상사가 모든 상황에서 훌륭하게 보이도록 만들라. 상당히 옳지 않다고 생각되는 일을 보았을 때는 전혀 위협적으로 느껴지지 않는 제안을 하라. 상사의 성공을 위해 길을 닦아라. 왜냐하면 상사의 성공이 곧 '당신'의 성공일 수 있기 때문이다.

당신의 상사가 그의(혹은 그녀의) 상사와 '당신'의 경력과 능력에 대해 대화를 나눈다는 사실을 기억하라. 당신의 상사가 주의 깊게 선택한 몇 마디의 말이 당신을 앞으로 전진시킬 수도 있고, 또는 그 자리에 주저앉혀 영원히 움직이지 못하도록 만들 수도 있다.

사회생활에서 가장 중요한 사람은 바로 당신의 상사이다. 그 사실을 절대로 잊지 마라.

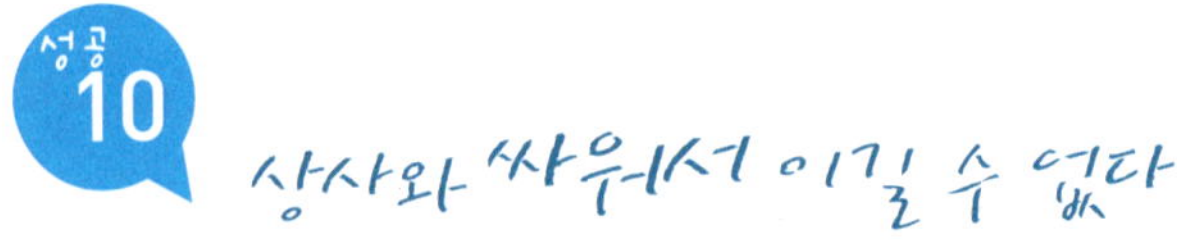

상사와 싸워서 이길 수 없다

사회생활을 망치는 매우 빠른 방법은 상사에게 싸움을 거는 일이다. 그것은 어떤 상황이 되었든 당신이 이길 수 없는 싸움이다. 그런데 어째서 자초하려 하는가?

당신은 상사와 어느 정도 선까지 토론을 할 수 있을 뿐이다. 그러므로 토론이 격렬한 논쟁이 되고 싸움으로 비화하기 전에 그만두어야 한다. 결국 당신과 상사는 서로 언어적인 공격을 주고받게 될 것이다. 심지어 상사가 당신과 의견이 일치하지 않음을 인정한다고 해도, 장담하건대 당신의 상사는 절대로 그 일을 잊지 않을 것이다.

회사 내에서 사람들의 의견은 언제나 일치하지 않는다. 의견의 불일치와 논쟁은 대개 회사와 개인이 올바른 결론에 도달하도록 도와주는 건강한 훈련이다. 당신 역시 사회생활을 하는 동안 당신의 상사와 많은 논쟁을 벌이게 된다는 걸 받아들여라. 논쟁을 하되, 그 논쟁이 싸움으로 확대되도록 내버려두어

서는 안 된다. 일단 그 선을 넘어버리면 당신의 말이 옳든 그르
든 당신은 절대로 되돌아올 수 없다. 당신은 신뢰할 수 없고 불
성실할 뿐만 아니라, 미성숙하고 버릇없는 사람으로 낙인찍히
게 된다. 감정적인 폭발과 역정은 회사 내에서 금물이다. 흥분
을 가라앉히지 못하면 당신은 사회생활을 망치고 만다.

타협하는 법을 배워라. 또는 오히려 상사의 결정을 지지하는
편이 좋다. 당신의 상사는 언제나 당신보다 더 큰 실력을 행사
하려고 할 것이다. 당신의 주장을 입증하는 것도 좋지만 항상
상사의 최종 결정을 받아들이고 그에 따라 일을 진행하라. 당
신은 다른 날 싸우게 될 것이고, 아마도 언젠가 당신이 그 상사
의 자리에 있을 것이다.

또한 당신은 상사의 '감성 탄력'을 배워야 한다. 간단히 말
해서, 상사가 당신을 호되게 꾸짖기 전까지 당신이 상사를 어
디까지 잡아당길 수 있는지 알고 있어야 한다는 말이다.

몇 년 전, 나는 어떤 모임에 참석해서 내 동료가 상사와 싸움을 벌이는 모습을 당혹스레 지켜보았다. 모임의 참석자는 총 9~10명이었고, 두 사람 사이의 논쟁은 매순간 새로운 국면으로 치달았다. 우리 중 몇 명이 두 사람의 대화에 끼어들려고 시도했지만 모두 허사였다. 마침내 상사의 감성 탄력이 한계점에 이르렀다. 상사가 내 동료에게 고함을 질렀고 그녀 역시 되받아쳤다. 그 논쟁은 사소한 일처럼 보일 때까지 계속 진행되었고, 일순간 그 방안에 감돌았던 긴장은 말로 표현할 수 없을 정도였다. 그 회사에서 내 동료의 경력은 그때 그것으로 끝나고 말았다. 그녀는 '손상된 상품'으로 다른 부서에 배치되었고, 결국 회사를 떠나 다른 곳에서 다시 시작할 수밖에 없었다. 나는 최근 그녀를 만나 그 날의 싸움에 대해 물어보았다. 그녀는 이제 그 일을 되돌아보며 자신이 어리석었음을 인정한다. 그 문제는 당연히 작은 일에 불과했고, 그녀는 어떻게든 논쟁이 일어나지 않도록 막았어야 했다. 그녀는 가슴깊이 그 사건을 후회했고, 그 날 일어난 일과 그 결과 때문에 여전히 상처받고 있었다.

이길 수 없는 싸움이라면 시작하지도 마라.

사람들의 주목을 받는 중요성은 결코 과소평가될 수 없다. 주목을 받기란 지극히 어렵고, 좋은 계획과 더불어 어느 정도의 행운을 필요로 한다.

명성을 얻는 가장 빠른 길은 세간의 이목을 끄는 사람들과 관계─당신이 할 수 있는 어떤 레벨이든─를 맺는 것이다. 세간의 이목을 끄는 사람들은 비슷한 부류의 사람들과 어울리는 법이다. 요령은 그들 사이에 들어가는 방법을 찾는 것이다.

주위를 둘러보고 당신에게 도움이 되는 선택을 고려하라. '상공 회의소'와 관계를 맺고, 당신의 직업과 관련된 단체나 협회에 가입하라. 아는 것이 없다면 상사나 동료에게 물어보라. 세간의 이목을 끄는 자선단체를 찾아가 자원봉사를 하거나, 혹은 자격이 된다면 이익을 추구하지 않는 위원회에 가입하라. 당신이 기꺼이 일정 시간을 희생하겠다고 한다면 기회는 충분하다.

시드니에 살 때 나는 '미국 상공 회의소'에서 매우 활동적으로 일했다. '미국 상공 회의소'는 미국인들이 오스트레일리아에서 더 나은 비즈니스를 할 수 있도록 돕기 위해 설립된 단체이다. 그리고 그 역할을 훌륭히 수행하고 있다! 나는 '미국 상공 회의소'를 통해 수백 명의 오스트레일리아 고위 경영자들뿐만 아니라 빌 클린턴, 조지 W. 부시, 각국 대사와 영사, 오스트레일리아의 전 수상들을 만났다. (현재 나는 존 하워드를 만나기 위해 시도하고 있다!) 그리고 미국인만이 '미국 상공 회의소'에 가입하는 것이 아니다(누구든 상관없다!). 내가 말하고 싶은 바는, 작은 노력으로 당신의 비즈니스 게임과 교제 범위를 정말로 끌어올릴 수 있다는 점이다. 대부분의 주요 국가들은 그들과 많은 비즈니스 관계에 있는 나라들에서 상공 회의소를 운영한다. 예를 들어, 오스트레일리아에 있는 '이스라엘 상공 회의소'는 매우 큰 영향력을 발휘한다.

어떤 단체나 위원회에 가입하는 방법을 찾아내라. 그리고 당신의 교제 명부(名簿)가 차차 늘어가는 것을 지켜보라. 당신은 그 경험을 즐기게 될 것이고, 무언가를 배울 것이다. 당신의 경력에 중요한 영향을 미칠 사람들로부터 주목받기 시작할 것이다. 만약 의자에 깊숙이 앉아 기회가 오기만을 기다린다면 당신은 오랫동안 기다리게 될 것이다. 지금 당장, 30분을 투자하여 당신이 사람들의 주목을 받을 수 있는 아이디어를 떠올려라. 그리고 그 일이 실제로 일어날 수 있도록 방법을 강구하라. 당신이 알고 있는 모든 사람을 방문하고 도움을 구하라.

그것은 당신이 생각하는 것만큼 어렵지 않다. 당당하게 싸움터로 나아가라. 그리고 주목을 받아라.

상사를 알라

상사에게 정보를 전달하는 가장 좋은 방법은 무엇일까? 당신은 이 질문에 대답할 수 있어야 한다. 모든 상사는 독자적이며 어떤 사안에 대해 저마다 다른 방식으로 반응한다.

만일 상사에게 알려줄 중요한 정보가 있다고 하자. 상사는 짧은 메모와 전화, 음성메일, 혹은 다른 혼합된 방식 중에서 어느 것을 선호하고 있는가? 이것을 모르고 있다면 알아내라. 당신의 상사와 효과적으로 의사소통하는 첫 번째 방법은 상사가 원하는 방식으로 정보를 전달하는 것이다.

당신은 상사에 대해 얼마나 많이 알고 있는가? 상사가 원하는 것을 지금 제공하고 있다고 생각하는가?

나는 주의력이 짧은 편이다. 따라서 나에게 뭔가 전달하기를 원하는 동료들이 있다면 그들은 정말로 빠르게 요점을 전달할 필요가 있다. 여기에는 대화, 프레젠테이션, 이메일, 음성메일이 포함된다. 나는 기술적인 경력이 없기 때문에, 동료들은 또한 테크놀로지에 관한 대화를 '가급적' 피할 필요가 있다. 나는 주말에 손님이 찾아오는 걸 싫어한다. 나는 일요일에 여행하는 걸 싫어한다. 나는 생선 요리를 좋아하지 않는다. 나는 늦은 저녁 식사를 좋아하지 않는다. 나는 비좁은 승용차에 올라타는 걸 좋아하지 않는다…….

요지는, 상사에 대해 가능한 많은 지식을 수집하고 상사를 가장 편안하게 만드는 일을 할 필요가 있다는 것이다. 이건 솔직하고 현명한 방법이다. 당신의 상사를 중요한 고객처럼 대하라. 매일, 그리고 만나는 모든 순간 상사를 설득하라. 당신이 하지 않으면 다른 누군가가 그렇게 할 것이다.

상사가 무대에 오르기 전에 정보를 주어라

　회사에서 진급할수록 당신이 해야 할 일 중 중요한 부분이 의사소통－특히 많은 사람들을 상대로 하는－에 있음을 점점 더 깨닫게 될 것이다. 그러나 대부분의 경우, 당신이 가장 잘 알고 있는 프로젝트에 대해 공식적으로 발표하는 사람은 당신의 상사가 될 것이다.

　상사가 발표를 위해 무대에 오르기 전에 그 내용을 숙지하도록 만들어라. 최소한 10분 정도의 시간을 쪼개, 적어도 강조하거나 피해야할 부분을 요약하고 그 이유를 설명해줘야 한다. 또한 상사에게 최근 팀이 이룬 성과를 다시 한번 상기시켜라 (이것은 당신 자신의 의제를 조심스럽게 부각시킬 수 있는 좋은 방법이기도 하다). 적절하게 정보를 얻었을 때, 당신의 상사는 더욱 임무를 잘 수행하게 되고 이것은 또한 '당신'을 돋보이게 만들 것이다.

　상사가 발표를 끝내고 질문을 요청했을 때 손을 들거나 의견을 말하는 사람이 하나도 없다면 매우 난감할 수 있다. 당신은 청중이 발표에 만족하고 당신의 상사가 자신감을 느낄 수 있게 만들어야 한다. 발표가 시작되기 전 미리 상급 매니저를 만나 손을 들어 질문을 해달라고 부탁하라. 침묵을 깰 수 있는 한두 가지 질문을 준비하는 것이 좋다. 모든 사람에게 도움이 될 것이다.

상사 배우자의 마음에 들도록 하라

　상사의 배우자, 혹은 파트너의 마음에 들어야 한다는 중요성을 결코 과소평가하지 마라. 그들은 사회생활에서 당신에게 가장 가증스런 적(敵)만큼이나 치명적일 수 있다.

　분명히 당신은 상사 배우자나 파트너를 만날 몇 차례의 기회를 갖게 될 것이고, 매순간 반드시 좋은 인상을 심어줘야 한다. 좋은 인상을 주었다면 더욱 좋고, 중간적인 인상도 괜찮지만 나쁜 인상은 집으로 돌아가는 길에 당신의 상사에게 커다란 불만을 털어놓게 만든다.

　적절한 이미지를 제시하라. 당신의 전문성을 유지하고, 따뜻하고 호의적인 태도를 보여라. 될 수 있는 대로 일에 관련된 주제는 피하라. 절대로 대립적인 모습을 보여서는 안 된다. 바라는 만큼 일이 잘 진행되지 않는다고 느낀다면 양해를 구하고 먼저 자리에서 일어나라. 중간적인 인상도 괜찮다는 사실을 기억하라!

내가 이 원칙을 그토록 잘 알고 있는 이유는 모임을 끝내고 집으로 돌아오는 차 안에서 언제나 아내로부터 상세한 평가를 듣기 때문이다. 솔직히 나는 아내의 평가를 정말로 좋아한다. 아내는 사람들을 매우 잘 판단하며, 수년간 나는 그 말을 들어왔다. 가령 그는 술에 취했다, 그녀는 무례하다, 그 남자는 불륜을 저지르고 있다, 그가 내 이름을 잊어버렸다 등 평가는 계속된다. 고위 경영자를 대하는 것처럼 상사 배우자나 파트너를 대하라. 모든 상황에 대비하고, 얌전히 행동하라.

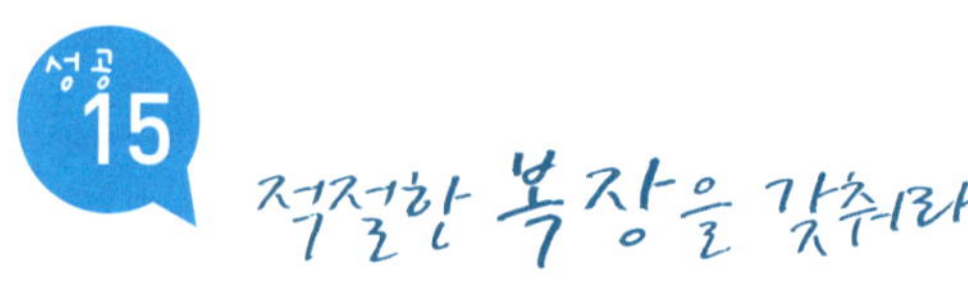

아침에 출근하기 전, 실제로 거울을 들여다보고 내 모습이 CEO와 같은지 자문해보라. 만약 '그렇지 않다'거나 '잘 모르겠다' 혹은 '성공은 외모에 있지 않기 때문에 상관없다'라고 답한다면 당신은 반드시 극복해야 할 문제 하나를 안고 있는 셈이다.

당신의 복장은 당신에게 '승진'할 능력이 있는지를 평가하는 사람들에게 어떤 명확한 메시지를 전달하는 기회이다. CEO에 걸맞은 복장을 하지 않으면 CEO가 될 수 없다. 복장은 캐주얼 신사복의 등장으로 좀더 복잡해졌다. 이제 당신은 공식·비공식 자리에 따라 옷을 구분해서 입을 필요가 있다. 옷을 상당히 필요한 투자처라고 생각하라. 당신을 '언제나' 총명하게 보일 수 있는 상표에 돈을 지출하라. 옷을 치장하는데 신경 쓰고, 무엇보다 색상은 짙은 감색이 좋다. 남성이든 여성이든, 당신은 최소한 짙은 감색의 '멋진 최고급 정장' 한 벌과 하얀 와이

셔츠나 블라우스, 그리고 정장에 어울리는 구두를 갖추고 있어야 한다. 그것은 고위 경영자를 만나는 모든 모임에서 당신이 입어야 할 복장이다. 명심하라. 시각적 인상은 오래도록 지속된다.

이제 나의 경험을 고백할 시간이다. 나는 사회생활 초기에 복장에 대해서는 거의 신경을 쓰지 않았다. 다행스러운 점은 그때 나의 생각을 올바르게 고쳐준 상사를 만났다는 것이다. 그는 나를 자신의 사무실로 불러서 자리에 앉으라고 했다. 그의 책상에는 상당히 멋진 양복 카탈로그가 펼쳐져 있었다. 그는 수화기를 들어 양복 여섯 벌을 주문했다. 주문을 끝낸 뒤 그가 내 쪽을 돌아보며 이렇게 말했다. "자네는 이 남색 양복을 주문하는 게 좋겠군." 나는 그의 기분을 상하게 하고 싶지 않았기 때문에 그렇게 했다. 당시 내 봉급을 생각해볼 때 그것은 커다란 투자였다. 한 시간이 지난 후, 나는 그가 나를 사무실로 불러놓고 양복을 주문한 일이 결코 우연이 아님을 기분 좋게 깨달았다. 그가 나에게 보낸 분명한 메시지―내가 부적절한 전투복을 입고 있다는!―였던 것이다.

그는 현재 미국에서 최고 경영자를 모집하는 위치에 있으며, 이름은 존 오키프(John O'keefe)이다. 이 자리를 빌려 감사의 말을 전하고 싶다.

끝손질을 활용하라

당신은 한두 가지 손쉬운 일을 통해 당신의 외모를 향상시킬 수 있다. 고급 시계를 착용하라(물론 가격이 비쌀 것이다). 명품을 구입하는 것도 좋다. 가령 시계의 손목부분이 금과 은으로 되어 있다면 어떤 벨트나 구두와도 잘 어울릴 것이다. 자동차와 마찬가지로 예산에 맞추기 위해 덜 비싼 중고품을 구입할 수도 있다.

당신이 할 수 있는 두 번째 일은 품질 좋은 만년필을 소지하는 것이다. 사무용품을 파는 가게에서 '워터맨'이나 '몽블랑' 제품을 구입하라. 그런 만년필은 가격이 지나치게 비싸지 않으며 당신에게 상당히 세련된 이미지를 가져다줄 것이다.

남성이라면 몇 가지 멋진 커프스단추를 구입해놓았다가 중요한 회의 때 착용하라. 언제나 유명 디자이너 제품의 벨트를 착용하고, 벨트가 구두와 잘 어울리는지 확인하라. 검은 구두에는 검은 벨트, 갈색 구두에는 갈색 벨트가 어울린다. 검은 구두에 갈색 벨트는 당신을 바보처럼 보이게 만든다. 얼마나 많은 사람들이 매일 이렇게 하는지 알게 되면 당신은 깜짝 놀랄 것이다.

건강하고 날씬한 몸매의 소유자가 되어라

만약 과체중이라면 지금 당장 다이어트를 시작하라. 기업은 비만한 사람들로 가득하다. 비만한 사람들은 자제력을 잃어버린 것으로 간주된다. 당신 개인의 의지로 그 문제를 극복할 수 있는데 왜 위험을 무릅쓰려 하는가?

거울을 들여다보라. 그러면 당신에게 변화가 필요한지 아닌지 알게 될 것이다. 전문가에게 도움을 구하라. 방법은 얼마든지 있다. 당신의 모습은 더 나아지고, 당신의 기분은 더 좋아지며, 당신의 이미지는 훨씬 더 인상적으로 바뀔 것이다.

몇 년 전, 동료 한 명이 조언을 구하기 위해 나를 찾아왔다(선의의 피해를 주지 않기 위해 그의 이름은 밝히지 않겠다). 그는 승진에서 두 차례 누락되고 낙심한 상태였다. 나는 그의 기분을 상하지 않게 하기 위해 정말로 나의 솔직한 의견을 원하는지 물었다. 그가 그렇다고 답했다. 나는 승진에서 누락된 원인 중 하나가 그의 모습에 있다고 설명했다. 나는 그가 최소한 20킬로그램은 과체중이며, 그것이 그를 게으르고 야무지지 못한 사람처럼 보이게 만든다고 말했다. 또한 우리 회사의 사장이 매일 헬스장에 나가고 직원들에게 규칙적인 운동의 중요성을 강조하는 건강 예찬론자임을 지적해주었다. 나는 이렇게 말했다.

"자네는 사장이 원하는 모습을 보여주고 있지 않아."

동료는 내 말을 주의 깊게 들었고 마지못해 동의를 표시했다. 하지만 그는 어떤 변화도 시도하지 않았다. 이후 또 다시 승진에서 두 차례 누락되었고 결국 회사를 떠나고 말았다. 분명 그는 필요한 모든 능력을 갖추고 있었지만 체중감량을 시도하려는 의지와 결단력이 없었다. 그리고 그것 때문에 고통 받았다.

비만은 많은 선진국에서 가장 큰 건강 문제로 대두되고 있으며, 앞으로 더욱 심각해질 것이다. 당신이 이런 추세에 포함되기를 원치 않는다. 솔직히 말해서, 나는 사회생활을 위해 순수하게 체중을 줄이는 사람들이 지나치게 적다고 생각한다. 성공적인 사회생활을 원한다면 체중을 줄여야 한다. 물론 성공하기 위해 필요한 것은 다이어트만이 아니다. 끊임없이 변화를 추구하지 않는다면 당신은 계속 한 자리에서 빙글빙글 맴돌게 될 것이다.

얼굴에 수염을 기르지 마라

간단히 말하면 <포춘(Fortune)>지에 등장하는 대부분의 기업에서 수염은 '금기' 사항이다. 만약 수염을 길러야 한다면 위험을 각오하라. 그리고 깔끔하게 다듬어라.

대기업에서 CEO들은 '반드시' 확신에 차고 깨끗한 이미지를 발산해야 한다. 수염을 길러 얼굴을 감추는 것에 대한 프로이트적인 해석이 있을지도 모르지만 분명한 것은 얼굴에 수염을 기르는 최고 경영자는 극히 드물다는 사실이다.

이 조언을 받아들이고 말끔히 면도하라.

여성들에게는 수염이 전혀 문제되지 않지만, 여기에는 남성과 여성 모두가 알아야 할 일반적인 원칙이 있다.

항상 머리를 단정하게 정돈하고 '절대로' 얼굴을 가리지 않도록 하라. 아침에 운동을 한다면 회사에 도착하기 전에 머리를 정돈하라. 머리가 젖거나 헝클어진 상태로 나타나서는 안 된다. 그런 모습은 당신을 게으르고 비전문가처럼 보이게 만든

다. 사무실에 들어서기 전에 반드시 당신의 모습이 최고인지
점검하라.

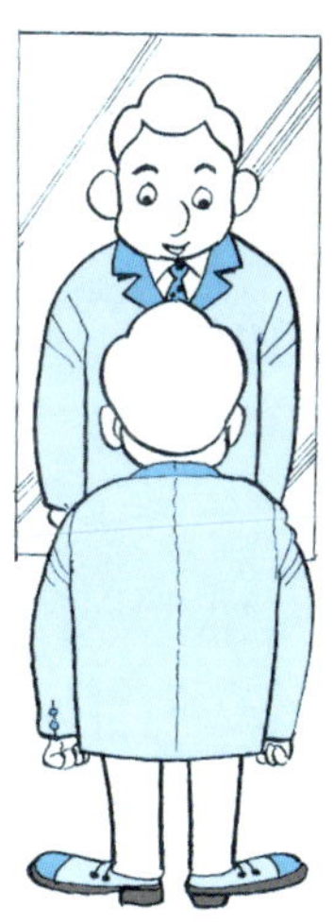

멋진 자동차를 운전하라

외양(外樣)은 비즈니스 세계에서 정말로 중요하다. 당신이 운전하는 차는 당신이 입고 있는 옷과 마찬가지로 하나의 시각적 기호이다.

값싼 자동차를 몰면 당신 역시 값싸 보인다. 다 낡은 자동차를 몰면 당신 역시 무기력해 보인다. 값싸고, 다 낡고, 색깔 또한 조악한 차를 몰고 있다면 최고 경영자가 되려는 꿈은 잊어버려라.

강한 이미지를 전달하기 위해 과시용 차를 운전할 필요는 없다. 그렇다고 지나치게 값싼 차를 운전해서도 안 된다. 기지를 발휘하라. 어떤 차는 일류라는 이미지를 갖고 있다. 내가 가장 좋아하는 자동차는 재규어, BMW, 메르세데스이다. 이런 차는 당신을 실망시키지 않을 것이다. 위의 세 가지 자동차 회사들은 다양한 가격대의 다양한 모델을 선보인다. 요지는, 반드시 최고급 모델을 운전할 필요는 없다는 점이다. 이미지는 모델이

아닌 브랜드에서 나온다.

이런 브랜드의 자동차를 살 수 없다면 어떻게 할까? 창의력을 발휘하라. 나는 빠듯한 예산으로 오래된 재규어 모델을 구입해서 비즈니스 현장에 뛰어드는 많은 경영자들을 보아왔다. 이런 자동차는 종종 비싸지 않은 가격으로 쉽게 구입할 수 있다. 당신이 풍기는 이미지는 예산이 빠듯한 사람이 아니라, 클래식 카를 좋아하는 사람이 된다.

미니밴과 트럭, 또는 값싼 자동차는 비즈니스 세계에서 환영받지 못한다. 고급 세단을 운전하라. 이미지가 중요하다.

자동차를 항상 깨끗하게 유지하라

사회 초년병 시절, 나는 경영 간부에게 회사 소유의 차를 제공하는 대기업에서 일했는데, 단 차를 깨끗하고 말끔하게 사용한다는 조건에서였다. 나는 딱 한번 그 조건을 충족시키지 못했고, 그때 나의 상사로부터 꾸지람을 들었다. 상사는 지극히 옳았다.

그는 내게 그 차가 회사의 재산이며, 나에게 그 차를 관리할 의무가 주어졌음을 상기시켜 주었다. 또한 깨끗하지 못한 차에 상사나 고객을 태우는 일은 용납할 수 없다고 말했다. 그는 내가 부주의하고 야무지지 못한 사람이라는 인상을 스스로 만들고 있으며, 회사는 그것을 원하지 않는다고 말했다. 물론 나 역시 그것을 원하지 않았다. 교훈 하나를 배운 것이다. 그 이후 그런 일은 두 번 다시 일어나지 않았다.

당신이 업무용으로 사용하는 차는 언제나 깨끗해야 한다. 왜냐하면 언제 차를 필요로 하게 될지, 또 누가 그 차에 타게 될지 절대로 모르기 때문이다. 트렁크는 항상 비어 있고 깨끗이 청소돼 있어야 한다. 그리고 기름을 가득 채워 넣어라. 나는 누군가와 차를 타고 갈 때 상대방이 기름을 넣기 위해 주유소에 멈추는 것을 싫어한다. 그것은 내 시간을 낭비할 뿐만 아니라, 상대방이 계획성 없는 사람이라는 인상을 받는다. 자동적으로 그 사람에 대한 평가가 감점된다.

차를 세차하여 언제 어느 때나 깨끗하게 유지하라.

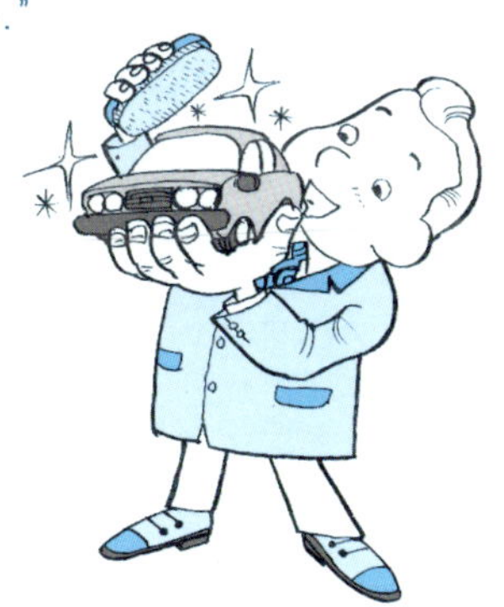

미소를 지어라, 미소는 전염된다

될 수 있는 대로 언제나 미소를 지어라! 미소는 전염된다. 웃음은 전염된다. 그것이 바로 메이저 영화 제작사들이 할리우드 영화를 웃음으로 채우는 이유이다.

직원을 채용하기 위해 면접할 때 나는 항상 그들이 미소를 짓고 소리 내어 웃는지 주의 깊게 관찰한다. 그들의 몸짓과 표정은 종종 그들의 대화만큼이나 내게 많은 의미를 전달한다. 면접하는 동안 그들이 전달하는 에너지는 대개 그들을 고용했을 때 무엇을 얻게 될 것인지를 알려주는 지표이다. 세상에는 뛰어난 능력의 소유자들이 너무나도 많다. 나는 행복하고, 에너지 넘치며, 올바른 능력의 소유자를 원한다. 훌륭한 경영자는 언제 어디서나 미소를 짓는다!

미소와 웃음은 모든 회사 내에 존재한다. 사람들은 자신감과 통제력이 있는 사람을 알아보고 존경한다. 행복한 사람은 자신감과 통제력이 있는 사람들이다. 당신은 불행한 사람보다 행복한 사람과 일할 때 더 많은 것을 얻는다. 사소한 일들은 언제나 중요하며, 세상에서 가장 쉬운 일은 미소를 짓는 것이다.

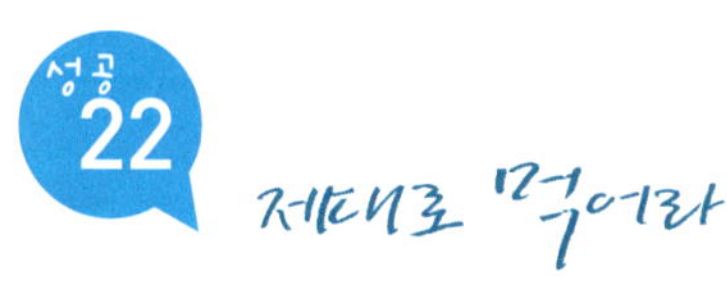

제대로 먹어라

　나는 최근 들어 제대로 먹기 시작했다. 물론 완벽한 것은 아니지만 균형 잡힌 식사의 중요성은 아무리 강조해도 지나치지 않는다. 인생은 즐기는데 의미가 있지만 당신이 잊지 말아야 할 것은 균형을 잡는 일이다. 과일과 야채, 다른 저지방 음식을 항상 섭취하고 있다면 이따금씩 치즈버거를 먹는 것도 괜찮다. '대부분'의 시간을 건강에 좋은 음식을 먹으려고 노력하라. 이것이 중요하다. 그러므로 시간을 투자하여 정보를 얻어라. 의사나 영양사를 만나 조언을 구하라. 당신만의 다이어트 계획을 세우기 위해 전문가의 도움을 받는 것은 돈을 지출할 만한 가치가 있다. 당신의 목표를 꼭 기록해 두어라. 곧바로 당신은 그 결과를 느끼게 될 것이다.

　여행은 균형 잡힌 식사를 망칠 수 있으므로 각별한 주의가 필요하다. 일반적으로 기내식(機內食)은 형편없다. 어떤 사람은 건강에 좋은 자신만의 가벼운 식사를 준비하는데, 대단히 좋은 생각이다. 시간 역시 균형 잡힌 식사의 적(敵)—바꿔 말해서 패스트푸드—이다. 당신이 먹는 음식에 항상 신경 쓰고, 제대로 잘 먹고 있는지 스스로에게 물어보라. 만약 대답하지 못한다면 그것이 문제이다. 당신은 더 좋은 정보로 그 문제를 해결할 필요가 있다. 제대로 먹고 있지 않을 때 나의 에너지 수위는 감소하고 일은 점점 어려워진다.

나는 93킬로그램의 몸무게를 유지하기 위해 음식의 양과 종류를 제한한다(신장이 2미터이므로 적당하다!). 나는 다이어트 예찬론자가 아니다. 많은 체중을 감량한 후 다이어트를 멈추자마자 다시 원상태로 돌아가는 일은 건강에 좋지 않다. 체중을 적당히 감량하고 그 상태를 유지하는 것이 더욱 좋다. 제대로 먹는 일은 그렇게 어렵지 않다. 게으른 변명을 둘러대지 마라.

기억하라. 음식은 연료이다. 연료는 성능의 기본요소이다. 나쁜 연료는 나쁜 성능을 의미한다.

몸을 움직여라

나는 일주일에 세 번 반드시 운동한다. 45분 동안 땀을 흘릴 수만 있다면 어떤 운동을 하던지 중요하지 않다.

열심히 운동하며 땀을 흘리는 동안 스트레스와 긴장이 몸 밖으로 빠져나간다. 여행 중이라고 하더라도 거의 모든 호텔에는 헬스장이 갖춰져 있다. 아침에 일찍 일어난다면 아침에 운동하라. 나는 그렇지 않기 때문에 저녁에 운동한다. 운동을 어길 수 없는 약속처럼 생각하라. 수첩에 운동 스케줄을 기록하고, 그것을 자랑스럽게 여겨라. 운동을 함께 할 동료를 찾아라. 함께 운동할 친구가 있다는 것은 운동에 대한 동기를 부여한다.

나에게 가장 간단한 두 가지 운동은 달리기와 걷기이다. 필요한 것은 바지와 티셔츠, 운동화뿐이다. 나는 언제 어디서나, 그리고 곧바로 운동을 할 수 있다. 의사와 상의하거나 가까운 헬스장을 찾아가 당신에게 가장 적합한 운동 프로그램을 알아보라.

운동은 익숙해지기 전까지 전혀 재미가 없기 때문에 인내심을 가져야 한다. 일단 운동이 규칙적인 일상으로 자리 잡으면 밤에 푹 잘 수 있고 낮에는 더욱 능률적으로 일할 수 있다. 다른 사람들이 지칠 때 당신은 체력을 유지할 것이다. 다른 사람들의 기분이 언짢을 때 당신은 생기를 유지할 것이다. 당신은 더 민첩해 보이고, 더 힘 있게 일을 끝낼 것이다.

나는 전 직원에게 체력검사를 실시하는 어떤 회사에 첫 출근했을 때, 건강에 관한 최고의 조언을 들었다. 체력검사를 마친 나에게 한 연세가 지긋한 의사분이 이렇게 말했다. "여보게, 나는 자네가 두 가지를 약속해주었으면 좋겠네. 첫째, 항상 엘리베이터가 아닌 계단을 이용할 것. 둘째, 차는 가능한 먼 곳에 주차시킬 것." 나는 약속했고, 그 약속을 지키기 위해 계속 노력해왔다. 건강을 위해 당신이 할 수 있는 가장 작은 것에 대해 생각해보라. 작은 것이라도 모두 도움이 된다.

'신(新) 부자'가 되지 마라

나의 아내 사라는 기업이 성장함에 따라 부를 쌓기 시작하는 경영자들을 가리켜 '신(新) 부자'라는 말을 사용한다. 그녀의 말은 그들이 엄청난 돈을 벌고 있다는 뜻이 아니라 그 부(富)를 과시하고 있다는 뜻이다. 그들은 끊임없이 부에 대해 이야기하고, 자신의 성공을 세상에 알리기 위해 호화저택이나 별장 같은 것들을 사들인다.

반대로, '구(舊) 부자'는 자기 성공을 자랑하거나 과시하지 않는 부유한 사람들을 뜻한다. '구(舊) 부자'는 조용히 성공에 도달하며 절대로 부를 자랑하지 않는다. 그들은 다른 사람들이 감탄하고 본받으려고 하는 확신에 찬 성취자들이다. 세상 모두가 그들이 부를 얻었음을 알고 있지만 그들은 그 부를 고상하고 기품 있게 사용한다.

'신(新) 부자'가 되지 마라. 다른 사람들은 그런 모습을 싫어할 뿐만 아니라 분노를 표시한다. 당신의 모습이 사기꾼처럼 보이고 당신의 말은 오만하게 들릴 것이다. 당신은 지지자들을 잃어버리고, 당신만큼 운이 좋지 못한 사람들을 소외시키게 될 것이다.

예를 들어, 성공적인 비즈니스를 위해 필요한 멋진 옷과 자동차를 소유하는 것은 괜찮지만 그것을 자랑해서는 안 된다. 별장을 소유하는 일은 대단히 멋지지만 그 사실을 온 세상에 공표해야 할 이유라도 있는가? '신(新) 부자'가 되려는 게 아니라면 그럴 이유가 없다.

한 가지 조언을 덧붙여서, 그래도 당신이 자랑해야겠다고 고집한다면 병원에서 자원봉사를 하거나 어린이 스포츠 팀의 코치가 되라. 그것이 바로 '구(舊) 부자'들이 말하는…… 은행으로 가는 지름길이 된다!

전문가가 되어라

당신의 직업에 대해 생각해보라. 그리고 더 많은 지식을 쌓음으로써 이점을 얻을 수 있는 분야를 알아내라. 그런 다음 그 분야에 대해 가능한 모든 책을 읽어라. 지식이 풍부해야 한다.

수년 전, 나는 신용카드를 기반으로 새로운 고객 프로그램에 착수하려고 시도하는 어떤 회사에서 일하게 되었다. 부서간 회의에 처음 참석한 나는 참석자들이 무엇이 효과적이고 무엇이 그렇지 않은지에 대해 토론하는 모습을 조용히 지켜보았다. 나는 그들이 하는 말 중에서 무엇이 사실이고 거짓인지 판단할 수 없었다.

그때 내가 깨달은 것은 과거에 무엇이 효과를 발휘했고 무엇이 그렇지 않았는지를 더욱 잘 알았어야 한다는 사실이었다. 첫 회의를 마치고 나서 나는 팀 동료들과 함께 전 세계 고객 프로그램에 대해 우리가 알아낼 수 있는 모든 정보를 찾아내고 면밀히 분석하는데 꼬박 이틀을 보냈다. 두 번째 회의 때 나는

만족스러운 듯 슬쩍 웃고 있는 내 자신을
발견했다. 이제 회의에 참석한 사람들 중
에서 나보다 더 많이 알고 있는 사람은 아무도 없었다. 그 누구
도 나를 속이거나 거짓말을 할 수 없게 된 것이다. 이틀이라는
시간 '투자'는 나에게 재미를, 회사에는 커다란 이익을 가져다
주었다.

전문가가 되어 회의장에 들어서는 일은 보람 있다(그리고 재
미있다). 당신은 참석자들로부터 존경을 받게 되고, 당신의 '경
력'은 더욱 빛날 것이다.

책을 읽어라

한 현명한 사람이 내게 전문가가 되는 일은 쉽다고 말한 적이 있다. 그는 어떤 주제에 대해 다섯 권의 책을 골라 그 내용을 머릿속에 집어넣으면 모든 것을 알게 된다고 말했다. 간단하지만 매우 훌륭한 조언이다.

중요한 것들이 날마다 책으로 씌어지고 사람들의 입에 오르내린다. 문제는 그것을 재빨리 찾아내서 나의 지식으로 만드는 일이다. 한달에 두 번 서점을 방문해서 인기 있는 저자나 교수, 사업가가 쓴 책을 서너 권 구입하라. 이런 책들은 당신의 삶과 회사생활에 적용시킬 수 있는 아이디어들로 무궁무진하다. 비록 책 속의 메시지에 동의하지 않더라도, 최소한 책을 읽는 동안 당신의 마음을 열고 다른 무언가를 받아들이게 된다. 중요하고 유용한 정보를 캐내라.

만약 무슨 책을 읽어야할지 잘 모르겠다면 <뉴욕 타임스> 베스트셀러 목록에 올라있는 비즈니스와 관련된 책에 초점을 맞춰라. 나는 대기업을 운영하고 있거나 운영한 경험이 있는 저자—예를 들어 '제너럴 일렉트릭'의 전 회장이자 CEO였던 잭 웰치—의 책을 즐겨 읽는다. 성공적으로 대기업을 경영하면서 무수한 경쟁에 맞섰던 누군가에 대해 읽는 일은 마술과도 같다. 당신은 '대단히' 많은 것들을 배울 수 있다.

대부분의 CEO들은 수많은 책을 읽는다. 다가올 커다란 추세나 중요한 아이디어를 끊임없이 찾고 있기 때문이다. 그들은 단지 훌륭한 외모 때문에 그 자리에 오른 것이 아니다!

자격증을 취득하라

　나는 당신이 자격증이나 한 가지 이상의 외국어를 습득하기 바란다. 그 이유는 아주 간단하다. 그것이 당신을 차별화하기 때문이다. 다른 사람이 갖고 있지 않은 자격증을 갖고 있거나 한 가지 이상의 외국어를 알고 있다면 대기업 내에서 가산점을 얻는다. 그런 것이 없다고 해서 의기소침할 필요는 없다. 그런 것이 없어도 당신은 여전히 성공할 수 있다.

　하지만 자격증이나 외국어를 알고 있을 때 당신은 분명히 좀 더 쉽게 성공에 이를 것이다. 일반적으로 '그 사람이 그런 자격증을 갖고 있는가?' 또는 '그 사람이 그런 외국어를 알고 있는가?' 라는 질문은 승진과 관련된 시점에서 등장한다. 만약 똑같은 재능과 경험을 갖고 있는 두 명의 경쟁자가 있는데 그 중 한 사람만이 자격증이나 외국어를 알고 있다면 어떤 사람이 승진할까? 대답은 자명할 것이다. 그러므로 당신은 회사에 입사했다고 태만하거나 일상을 친구와 어울려 술로 세월을 보내서는 안 된다. 언제나 준비를 하고 있어야 한다. 그러기 위해서는 공부를 게을리 해서는 안 된다. 오히려 입사하고 나서부터 진짜 공부를 해야 한다. 실무에 필요한 것이 무엇인지 분명히 알고 난 다음의 공부이니까 공부한 만큼 실무에서 사용할 수 있고, 즉 공부한 것만큼 실무에 도움을 되므로 공부가 재미있어진다. 그러므로 공부, 실무 양쪽 모두 좋아진다.

돈 때문에 공부하는 것을 게을리 해서는 안 된다. 많은 기업들이 직원들의 지속적인 교육을 지원하고 있기 때문이다. 상사를 찾아가 회사가 어떤 식으로 도움을 줄 수 있는지 물어보라.

예전에 근무하던 직장에서 매우 총명하고 의욕적인 직원을 만난 적이 있었다. 그녀는 왜 회사가 자기의 세무사 자격증 취득과정에 협조해야 하는지를 상세한 보고서로 만들어 나를 찾아왔다. 당시 회사는 그런 일을 지원하지 않았지만 나는 그녀에게 커다란 인상을 받았고 그녀의 제안을 추천해서 회사의 승인을 얻어냈다. 나는 그녀와 회사 모두 승리자가 될 거라고 확신했다.

요구하는 일을 두려워하지 마라. 중요한 것은 변명을 멈추고 지금 당장 시작하는 것이다. 지금 많은 사람들이 새벽이나 퇴근 후 학원을 다닌다는 것을 잊어서는 안 된다.

글을 잘 써라

　나는 대학에서 글을 잘 쓰는 법을 배웠고, 이제는 그것이 하나의 재능이라고 생각한다. 글은 의사소통의 매우 중요한 수단이다. 글자 하나하나가 그 자체로 의미를 전달할 만큼 중요하다.

　나는 이 사실을 26살 때 절실히 깨달았다. 당시 나는 뉴욕에 있는 '에이씨닐슨'의 고객 담당 책임자였다. 우리는 거대 소비자 제품 회사와 큰 계약을 맺기 위해 시도하고 있었다. 나는 우리 모회사의 CEO가 그 회사 사장과 친분이 있다는 말을 들었다. 상사의 허가를 받고 나는 모회사의 CEO에게 우리가 처한 상황을 요약하고 도움을 청하는 한 페이지 분량의 편지를 정성껏 작성했다. 나는 커다란 두려움을 느끼며 편지를 그의 사무실로 급히 보냈다. 두 시간 후, 그가 직접 내게 전화를 걸어 자신의 사무실로 즉시 오라고 했다. 나는 가슴 가득 두려움과 흥분이 교차하는 감정으로 그의 사무실까지 다섯 블록을 한달음에 달려갔다. 도착 후 나는 궁궐 같은 그의 사무실로 안내되었다. 그는 내게 악수를 청한 뒤 내 편지가 이제껏 자신이 받아본 것 중에서 최고였다고 말했다. 나는 그가 "간단명료해서 금방 이해할 수 있었네"라고 말했던 것으로 기억한다. 그는 몇 가지 질문을 던진 뒤 나를 보냈고, 우리가 계약을 맺으려는 회사에 전화를 걸었다. 그리고 우리는 마침내 계약에 성공했다!

요지는, 편지와 이메일을 효과적으로 이용하라는 뜻이다. 당신의 메시지를 군더더기 하나 없이 완벽하게 통합하고 정리하라. 당신이 말하고 싶은 바를 한 페이지 분량으로 정리할 수 없다면 아마도 그것은 말할 가치가 없는 내용일 것이다. 게다가 당신은 이익이 아닌 손해를 볼지도 모른다. 사실을 밝히고 상대방에게 당신의 제안과 상대방이 해야 할 일이 무엇인지 정확히 알도록 하라.

숫자에 밝아라

만약 당신이 나처럼 영문학을 전공하고 **MBA** 학위가 없다면 수학적 도움이 필요하다는 사실을 인정하라! 당신은 기본적인 재무보고서를 읽고 이해하는 법을 '반드시' 배워야 한다. 재무보고서는 공개적으로 기업을 평가하는 최고 기준이다. 또한 **CEO**가 매달 읽어야할 가장 중요한 요소이다.

'숫자는 절대로 거짓말하지 않는다' 는 오랜 속담이 있는데 정말로 그렇다! 경영자는 안팎으로 숫자에 밝아야 한다. 당신은 재무보고서를 앞에 놓고 질문에 답하거나 당신의 입장을 변호할 준비가 언제나 되어 있어야 한다.

도움이 필요하다면 요청하라. 재무보고서는 이해하기에 어렵지 않고, 당신의 성공에 결정적으로 작용한다. 이것은 단지 문제를 찾고 사실을 알아내는데 지나치게 게으르거나, 혹은 재무보고서를 이해하지 못하는 자신의 약점을 인정하는데 지나치게 어리석은 **CEO**와 고위 경영자들을 파멸에 몰아넣는 영역이다.

최근 도산하고 있는 전 세계의 수많은 기업을 보라. 대부분의 경우 기업의 책임자들은 자기 기업에 문제가 있었는지조차 몰랐다고 주장한다. 모든 단서는 숫자에 있다. 그러나 아무도 그 숫자를 면밀히 검토하지 않는다.

이것은 대충 얼버무리며 넘어갈 수 있는 영역이 절대로 아니며, 당신의 경력을 무너뜨린다.

흥미로운 사람이 되어라

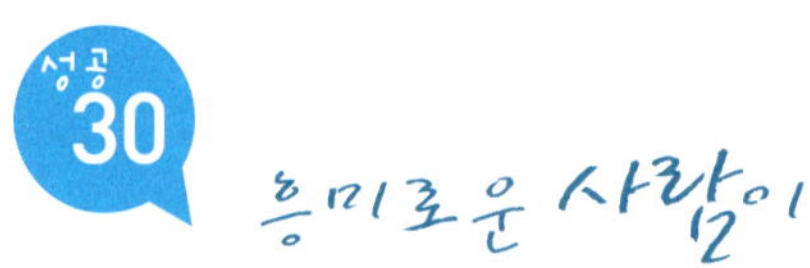

사람들은 대개 자기들이 좋아하지 않는 사람을 승진시키지 않는다. 대개 성과를 올리고 '게다가' 그들이 좋아하는 사람을 승진시키다.

다른 사람의 호감을 사는 일이 어떤 사람에게는 쉽지만 대부분의 사람에게는 정말로 어렵다. 나는 언제나 전자에 속했는데 그 이유가 나의 폭넓은 관심사에 있다고 생각한다. 불행히도 기업 세계는 여전히 한 사람의 게임이다(변화하고 있기는 하지만, 느린 속도로). 많은 고위 경영자들은 스포츠에 열광한다. 여성들은 대개 스포츠에 열광하지 않는데(물론 일반적으로 말해서), 이것은 그들이 회사 사람들과의 대화에 참여하지 못하는 요인이 될 수도 있다. 공평하지 않은 것처럼 들릴지도 모르지만 나는 그것이 당연하다고 말하는 것이 아니라 분명 상당부분 사실이라고 말하는 것이다. 전문가가 될 필요는 없지만 최소한 신문의 스포츠란을 읽고 스포츠에 관한 대화에 참여할 수 있어야 한다.

흥미로운 사람이 된다는 것은 보통 어떤 주제에 대한 깊은 지식을 요구하지 않는다. 해결책은 간단하다. 읽고, 읽고, 또 읽는 것이다. 시간을 내는 것이 중요하다.

나는 하루에 신문 다섯 부와 최소한 잡지 한 권을 읽는다. <월 스트리트 저널>, <타임>, <스포츠 일러스트레이티드>, <피플/후>를 읽어라. 당신 업무에 관련된 다양한 기사와 그렇지 않은 것들도 읽어라. 어떤 기사는 처음부터 끝까지 다 읽고 어떤 기사는 대충 읽어라. 당신은 짧은 시간 안에 얼마나 많은 정보를 얻을 수 있는지 깜짝 놀라게 될 것이다. 게다가 당신은 흥미로운 사람이 되는 것이다!

TV를 시청하라. 나는 TV를 바보상자라고 말하는 사람들을 참을 수 없다. 그건 웃기는 이야기이다! TV는 정보와 오락으로 가득하다. 사람들은 직장에서 TV에 대해 이야기한다. 만일 당신이 잘 모르고 있다면 대화에 참여할 수 없다. 라디오를 청취하고 컴퓨터를 하는 것도 마찬가지이다. 무엇보다 그것은 재미있지 않은가! 흥미로운 사람으로 일하라.

교육을 강요하라

당신을 위해 일하는 사람들이 더 많은 교육을 추구하도록 끊임없이 독려하라. 틀림없이 당신은 거대한 저항에 부딪힐 것이다. 모든 사람들은 교육의 중요성에 대해 이구동성으로 찬성하지만 실제로 자신들과 관련되면 온갖 변명을 쏟아놓는다. 당신은 "나는 시간이 없습니다", "그건 시간낭비 같은데요", "다음 번에 하겠습니다"와 같은 말을 듣게 될 것이다. 심지어 더 독창적인 것들도 있다. 그들의 변명을 무시하고 교육을 받도록 만들어라.

교육과 훈련은 더 나은 사람을 만든다. 더 나은 사람은 더 나은 성과를 올린다. 더 나은 성과를 올린 사람은 그에 따라 보상을 받는다. 얼마나 논리정연한가!

나는 나를 위해 일하는 누군가가 개인적인 교육을 받겠다고 요청하면 쌍수를 들고 환영한다. 그 교육이 그 사람의 일과 무관하지 않다면 나는 대개 그 요청을 수락할 것이다. 왜냐하면 그들의 의욕적인 행동에 보답하고 싶기 때문이다.

모든 형태의 교육을 권장하라. 교실에서 받는 교육도 좋지만 단순히 비즈니스 오찬에 참석하는 일도 좋다. 새로운 사고(思考)는 어떤 형태로든 올 수 있다. 당신의 직원들에게 개인 발전과 교육이 회사에 얼마나 중요한지 이해시켜라. 그들에게 교육과 관련하여 최근 무슨 일을 했는지 정기적으로 물어보라. 세부사항을 질문하고 그들의 특별한 노력을 칭찬하라. 그들은 교육이 선택사항이 아님을 재빨리 깨닫게 될 것이다!

만약 당신이 이제 막 사회생활을 시작했고 새로운 기회를 찾고 있다면 자신의 능력과 기술에 대해 정직하게 평가할 시간을 가져라. 당신은 훌륭한 세일즈맨인가? 당신은 다른 사람들과 금방 친해지는가? 당신은 문제를 능숙하게 해결하는가? 모든 사람에게는 저마다 발전시킬 수 있는 분야가 있다. 발전에 필요한 교육이나 훈련을 받는 것은 전혀 부끄러운 일이 아니다.

상사와 회사는 자기계발에 부단히 애쓰는 직원들을 사랑한다. 왜 그렇지 않겠는가?

발전시키길 원하는 분야를 인지한 다음, 당신의 필요를 충족할 수 있는 교육과정을 찾아라. 제반 비용과 더불어 교육과정에 대한 상세한 정보를 수집하라. 그리고 당신의 일상적인 업무 수행에 방해가 되지 않을 날짜를 선택하라. 이 모든 것을 종합하여 당신의 상사에게 말하라. 당신의 요구가 합당하다면 성공할 것이다.

마지막으로 해야 할 일은 교육과정을 마친 뒤 당신의 상사에게 교육과정이 어떻게 진행되었는지 알려주는 것이다(당신이 배운 몇 가지 중요한 것들을 포함하여). 교육의 기회를 얻고 개인적 지원을 받은 것에 대해 반드시 감사의 말을 전하라. 그리고 더욱 중요한 것은 당신의 새로운 배움을 일에 접목시켜 더 나은 성과를 올리는 방법을 찾아내는 일이다. 만약 그렇게 할 수 없다면 당신은 시간과 회사의 돈을 낭비하고 만 꼴이 된다.

성공 32

현명한 조언자를 구하라

모든 사람은 비즈니스에서 현명한 조언자가 필요하다. 현명한 조언자란 당신의 비즈니스에 관해 무엇이든 이야기할 수 있고, 아이디어에 대해 의견을 얻을 수 있으며, 방향을 잃었을 때 올바른 길로 안내하고, 진정으로 당신의 성공을 바라며, 당신이 믿을 수 있는 그런 사람을 뜻한다. 현명한 조언자는 안전한 피난처를 제공할 수 있다. 현명한 조언자는 당신보다 비즈니스에서 훨씬 더 많은 경험을 했고 당신보다 연장자여야 한다.

밥 리빙스턴(Bob Livingston)은 나의 현명한 조언자이다. 현재 그는 퇴직을 눈앞에 두고 있지만 다른 어느 때보다 바쁘게 활동하는 것으로 보인다. 그는 수년간 '립톤 티(Lipton Tea)'에서 판매 부사장을 지냈고 지금은 마케팅 컨설팅과 관련된 일을 하고 있다. '에이씨닐슨'에서 잠시 동안 나의 상사로 있었다.

리빙스턴은 나의 여행 친구이며, 종종 나는 그에게 조언을 구한다. 나는 그를 완전히 신뢰한다. 그는 비록 내가 괴로워할지라도 언제나 진실만을 말한다. 나는 어떤 일에 대해 확신이 서지 않으면 곧바로 그에게 전화를 건다. 다른 경우에는 만날 약속을 정한다. 나는 그가 내 곁에 있다는 사실을 언제나 알고 있다. 그는 나보다 오랫동안 비즈니스를 해왔기 때문에 내가 실수를 피할 수 있도록 돕는다. 내 주위에는 나를 비즈니스에 관한 조언자로 생각하는 사람이 두 명 있고, 나는 그 일을 대단히 좋아한다. 그것은 나를 아주 훌륭한 경영자처럼 느끼게 만들며, 다른 사람의 경력에 도움을 주는 것은 보람 있고 재미있는 일이다.

현명한 조언자를 구하라. 우리 모두는 현명한 조언자가 필요하다.

시간이 무르익었을 때, 당신 역시 다른 사람의 현명한 조언자가 되어라. 원한다면 당신은 조언을 들려줘야 한다.

도전적인 일을 시도하라

　강인한 사람들은 도전적인 일을 시도하고, 그 경험을 자랑하지 않고도 모든 사람이 그것을 알게 만든다. 도전적인 목표를 세우고 당신의 꿈을 추구하라. 훈련을 받고 마라톤 경주에 참가하거나, 장기간 책상 앞에 앉아 책을 집필하라. 체중을 감량하거나, 혹은 건강을 유지하기 위해 어떤 특별한 목표를 정해라. 불우한 환경의 아이들을 돕는 일에 봉사를 자원하라. 기사를 쓰고 그것을 신문이나 잡지사에 보내라. 나의 삼촌 해럴드는 75세인데, 얼마 전 자동차 잡지사에 글을 쓰기 시작했다. 그는 어떤 교육도 받지 않았지만 그 일을 해야겠다고 결심했고 마침내 해냈다. 당신 또한 할 수 있다!

　도전적인 일은 대개 대단히 개인적이며 오랜 기간의 정신적, 그리고 육체적 노력을 필요로 한다. 그 일을 성공적으로 완수하면 당신은 무리에서 돋보이게 되고, 종종 커다란 자부심과 자신감—즉 새로운 활력—을 얻는다.

이 책을 집필하기 위해 책상 앞에 앉아있는 것만큼 내게 도전적인 일은 아무것도 없었다. 책을 집필하기 위해 요구되는 시간과 정신적 노력은 가히 혹독하다고 할 만하다. 그러나 어떤 도전적인 과제를 끝냈을 때 당신은 커다란 환희에 젖어 갑자기 그 일이 매우 가치 있는 것처럼 여겨질 것이다.

나에게 또 하나의 도전적인 과제는 2003년, 조지 W. 부시 대통령 앞에서 오스트레일리아의 미국 비즈니스 현황에 대해 15분간 프레젠테이션을 하라는 요구를 받았을 때 일어났다. 그러나 마지막 순간 대통령의 방문 일정이 축소되면서 나는 그 과제에서 벗어나게 되었다. 그 일은 도전과…… 두려움을 안겨주었을 것이다.

도전적인 일을 찾고 추구하라.

성공
34

골프를 배워라

　골프는 여전히 전 세계적으로 경영자들을 위한 스포츠에 '속'한다. 거의 모든 회의나 회사 밖의 단체 모임에서 당신은 한나절 동안 '팀 빌딩(team building)'에 전념하게 될 것이다. '팀 빌딩'은 골프를 일컫는 코드 언어이다. 또한 당신은 '스크램블'이나 '앰브로즈' 같은 다른 코드 언어를 듣게 되는데, 뛰어난 골퍼와 그렇지 못한 골퍼가 자유롭게 한데 어울려 플레이하도록 하는 경기 방식을 뜻한다.

　어째서 골프가 중요한가? 당신은 고객이나 CEO와 5시간 동안 함께 골프를 치면서 즐거운 시간을 보냈다고 하자. 짧은 시간 안에 누군가를 알아야 하거나, 혹은 누군가에게 당신을 알려야 할 때 골프보다 더 좋은 방법은 없다. 그리고 그날 밤 골프가 가져다주는 상품을 기다려라. 당신은 상대방과 친밀하게 등을 토닥거리고 환호하며, 큰 소리로 웃게 될 것이다. 당신은 그 안에 포함되기를 원하라. 시도해보라! 어렵지 않다. 골프 연습장을 찾아가 작고 하얀 공을 힘껏 치기 시작하라.

골프는 도전적인 일이 될 수 있다(성공의 원칙 33 참조)! 시작하라. 그리고 골프를 배우기 위해 2년 동안의 고통을 감수하라(내가 골프를 배우는 데 걸린 시간이다). 중요한 건 시간이 아니라 도전하는 것이다. 현실에 맞는 기대치를 세운다면 공을 다른 방향으로 치거나 헛치거나, 또는 골프장의 휴게실로 보내버리는 당혹스러움을 충분히 견뎌낼 수 있다.

주인이 되어라

오늘날 많은 회사에서 경영자들이 자기 직원을 '임차인'과 '임대인'으로 구분하는 말을 들을 수 있을 것이다. 아마 이상한 구분이라고 생각하겠지만 많은 사람들 속에서 어떤 행동을 특징지을 수 있는 효과적인 방법이다.

당신은 임차인으로 분류되기를 원하지 않을 것이다. 왜? 임차인은 그들의 소유가 아니라 빌린 사람이기 때문이다. 임차인의 가장 고전적인 예는 렌터카로 설명될 수 있다. 렌터카를 타고 도로를 달린다고 상상해보라. 그런데 계기판에서 연료가 부족하다고 불빛이 깜박거린다. 자, 당신이라면 어떻게 하겠는가? 아마도 크게 걱정하지 않고 연료가 다 떨어질 때까지 계속 운전할 것이다. 이것이 바로 임차인의 사고방식—'그건 내 문제가 아니야'—이다.

이제 그것이 당신의 자동차라고 상상해보자. 아마도 가장 가까운 주유소를 찾기 위해 운전할 것이다. 주인은 문제를 인정하고 그 해결책을 찾는다.

임차인은 어떤 특징을 갖고 있을까?

■ 임차인은 물건에 하자가 있다고 불평하고 수리를 요구한다.

■ 임차인은 절대로 해결책을 제시하지 않는다.

■ 임차인 자신이 쉽게 해결할 수 있는 문제조차 무시해버린다.

■ 임차인은 잡초처럼 뽑혀져나가고, 성공할 수 있는 기회를 절대 얻지 못한다.

위와 반대되는 임대인(주인)의 특징은 다음과 같다.

■ 주인은 불평하지 않고 해결책을 찾으려고 노력한다.

■ 주인은 불공평한 대우에 대해 이야기하지 않는다.

■ 주인은 분명한 목표를 세우고 그것을 달성하기 위해 곧장 앞으로 나아간다.

■ 주인은 과거가 아닌 미래에 대해 이야기한다.

■ 주인은 성공할 기회를 얻는다!

적극적인 태도로 언제나 당신이 하는 일의 '주인'이 되라. 그리고 무엇보다 당신 자신의 성공을 추구하라.

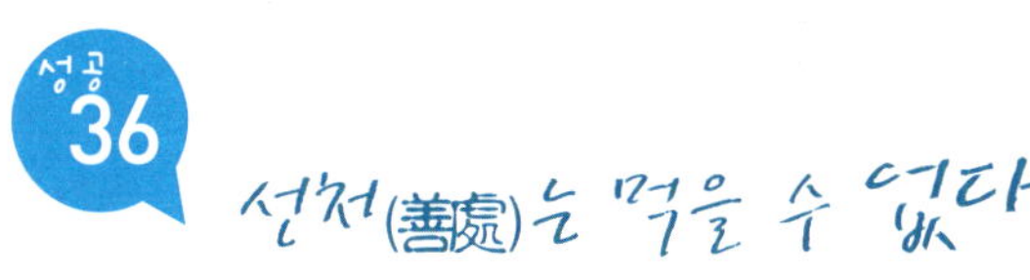 선처(善處)는 먹을 수 없다

　대부분의 회사에서 한번쯤 당신은 선처하여 결정을 내려달라고 말하는 사람을 만나게 될 것이다. 이런 말은 대개 그 사람이 당신에게 팔고 있는 아이디어가 그 자체로 장점이 없고 허술하다는 것이 나의 지론이다. 나는 그런 사람에게 이렇게 말하곤 한다. "선처를 먹을 수는 없지요." 상대방은 내 말뜻을 재빨리 파악하고, 대개 한발 물러서거나 선처라는 단서를 달지 않고 다시 한번 그 아이디어를 제시한다.

　선처를 기초로 한 결정에 대해서는 신중히 생각하고 판단하여야 한다.

나쁜 성과를 낙관하지 마라

　만약 당신이 목표를 달성하지 못하고 있다면 사실을 인정하고 그에 대한 적절한 대책을 세워라. 마냥 낙관하려는 자세를 버려라. 승자는 이기는 방법을 찾는다. 패자는 목표를 달성하지 못했을 때 자기들이 과거에 얼마나 잘 했는지를 이야기한다. 훌륭한 경영자는 현재를 직시한다.

　세상은 단기간에 성과를 요구하고 있다. 따라서 당신은 '올해'의 목표를 달성하기 위해 커다란 중압감을 받는다는 걸 예상해야 한다. 장기간이라는 말은 잊어버려라.

　물론 그것도 당신의 일이기는 하지만 만약 당신이 올해의 목표를 달성하지 못하면 내년 당신의 자리에는 다른 누군가가 앉아 있을 것이다.

　나는 아직까지 다음과 같은 승진 공고를 본 적이 없다. '샐리는 연속 두 해에 걸쳐 목표를 달성하지 못했지만, 대단히 훌륭한 장기 계획을 갖고 있기 때문에 승진시킵니다.'

성과를 빨리 올리면 당신은 승진한다. 너무도 자명한 이치이다.

크다고 반드시 더 좋은 것은 아니다

고속 승진의 열쇠는 현재 당신이 갖고 있는 것에서 대부분을 얻어내는 일이다. 크든 작든 당신이 책임지고 있는 분야에서 더 많은 이익을 만들어낼 수 있는 방법을 찾아라. 회사를 위해 돈을 버는 일이 중요하다.

경주(競走)란 절대로 누가 가장 큰 조직(혹은 가장 많은 사람들)을 이끌고 있느냐에 관한 것이 아니다. 사실, 이런 길을 추구하는 사람은 일반적으로 자기 파괴적이다. 당신이 갖고 있는 것으로 더 많은 돈을 벌기 위해 고민하라. 비용을 줄이고, 효율을 높이고, 수입을 늘려라. 큰 발전이 주목받는다.

누군가를 승진시킬 기회가 왔을 때 중요한 것은 누가 현재 자기들이 가진 것 중에서 가장 많은 성과를 올리고 있느냐이다. 누가 자기 예산목표를 만족시키거나 초과하고 있느냐? 누가 작년보다 가장 큰 발전을 이루고 있느냐? 당신이라면 무난하게 큰 시장을 운영하는 사람과 정말로 뛰어나게 작은 시장을 운영하는 사람 중에서 누구를 승진시키겠는가? 대답은 너무나 간단하다. 그렇지 않은가?

39 작은 일이 더 좋을 수도 있다

오늘날의 대기업에서는 가장 큰 일을 한다고 해서 반드시 가장 빨리 최고 경영자가 되는 것은 아니다. 폭넓은 기술을 가르쳐주는 작은 일이 더 가치 있을 수도 있다.

몇 년 전 토론토에서 한 칵테일파티에 참석했던 나는 옛 친구 단 키친(Don Kitchen)을 우연히 만났다. 단은 거대 소비자 제품 회사에서 고위 경영진을 지낸 바 있었다. 한번은 미국에 있는 회사의 판매 총책임을 맡고 있었는데 아주 큰 직책이었다. 단은 세계 각지에서 일하고 돌아온 동료들을 만날 때마다 그들이 '전체' 비즈니스에 대해 해박한 지식을 갖고 있다는 사실에 계속 놀랐다고 설명했다. 단은 그들이 자기보다 자기 일에 대해 더 많이 알고 있다고 느꼈다. 단은 몇 년 동안 그 이유를 이해하지 못하다가 해외 업무를 맡고나서 비로소 알게 되었다.

미국은 규모가 상당히 크기 때문에 당신이 판매 부서를 운영하고 있다면 판매 부서일이 하는 일의 전부가 된다. 다른 부서에 대해서는 피상적으로만 알 수 있게 된다. 오랫동안 일했다고 하더라도 매우 좁은 범위에 한정되기 마련이다. 대부분의 해외 업무는 당신의 직책보다 낮겠지만 더 폭넓은 책임을 지게 된다.

단과 나는 작은 일이 많은 경우가 더 많은 배움의 기회를 가져다주었다는데 동의한다. 단은 캐나다에 주류 회사를 차리고 새롭게 사업을 시작했다. 애석하게도 그는 얼마 전 세상을 떠났다. 바라건대 이 책이 그의 지혜를 세상에 알리는데 도움이 되었으면 한다.

놀랄 만한 끈기를 발휘하라

회사와 경영자는 끊임없이 성과를 올리는 개인과 팀을 찾고 있다. 변함없이, 그리고 착실하게 임무를 수행하는 사람은 주목받게 마련이고 결국 보상을 받게 된다.

끊임없이 성과를 올리는 것은 쉬운 일이 아니다. 내가 함께 일했던 가장 끈기 있는 임무 수행자들은 (거대 프로젝트에 착수하기 전에, 또는 예를 들어 회사의 회계 연도가 시작되기에 앞서) 계획하는 일에 대부분의 시간을 투자한다. 그들은 신중하게 행동을 계획하고, 전략을 짜고, 피할 수 없는 재난에 대해 계속해서 대책을 마련한다. 그리고 무엇보다 중요한 것은 의사소통하는 방법을 알고 있다는 점이다! 그들은 사람들이 무엇을 기대하고, 언제 기대해야 하는지 미리 잘 알고 있다고 말한다.

계획을 세우고, 의사소통을 하고, 그리고 당신의 계획을 실행시키는 방법을 알고 있다면, 당신은 앞서 나가기 위해 필요한 끈기로써 성과를 올리게 될 것이다.

권한을 위임하라

회사에는 권한을 위임하는 일이 약점의 표시라고 생각하는 사람들이 이곳저곳에 포진해 있다. 이들은 대개 통제력에 집착하거나, 만약 다른 사람이 자기 일을 맡게 되면 누군가 자기들을 조직에서 덜 가치 있는 사람으로 인식하게 될까봐 전전긍긍하는 사람들이다.

진실을 벗어날 수 있는 것은 아무것도 없다. 조직은 경영 간부들이 권한을 아래로 위임하길 기대한다. 직원들 또한 일과 결정권이 자기들에게 위임되기를 기대한다. 직원들은 모든 일과 결정권이 상부에 있을 때 좌절감을 느끼게 된다. 그들은 도전받기를 원하고 직접 관여하기를 원한다.

절대 권한을 위임하는 것에 대해 두려워하지 마라. 적절한 일은 부하에게 넘기고 당신이 해야 할 일에 매달려라. 권한을 효율적으로 위임한다면 당신은 상사와 부하 모두에게 믿음직한 경영자로 인식될 것이다.

회의를 제시간에 시작하고 끝내라

상당히 쉬운 일처럼 들리지 않는가? 그렇지 않다. 회의를 제대로 진행하지 못하는 일은 오늘날 비즈니스에서 감점 요소로 작용한다. 사람들은 언제나 회의 일정을 잡는다. 어떤 회의는 시간과 노력을 들일만한 가치가 있지만 대부분은 그렇지 않다. 회의는 종종 결정을 회피하려는 핑계에 지나지 않는다.

만약 회의를 진행해야 하고 그것이 당신의 회의라면 다음과 같은 모든 사항을 점검할 필요가 있다.

- 의제(議題)를 만들어라.
- 당신이 참가자들에게 원하는 바를 분명히 밝혀라.
- 의제의 모든 항목에 일정한 시간을 할당하라.
- 예정된 시간에 따라 회의를 진행하라.
- 회의가 끝난 뒤에는 회의 내용과 앞으로 해야 할 일, 각각의 책임자들을 명시하여 문서를 작성하라.

내가 주재하는 회의는 제시간에 시작하고 끝난다. 우리는 중요한 사항만을 토론하며, 간혹 주제를 벗어나더라도 결코 오래 가지 않는다. 오늘날과 같은 합의경영 체제에서 회의하는 횟수는 (슬프게도) 급격히 증가했다. 회의하는 횟수를 될 수 있는 대로 줄이고 참가자들의 명단을 면밀히 살펴라. 중요한 사람이 되기 위해 모든 회의에 참석할 필요는 없다. 하지만 당신이 회의를 주재해야 할 때는 언제나 훌륭히 진행하라.

'투 차트 룰'을 실행하라

　얼마 전 새로운 일을 시작했을 때 나는 내가 작성한 보고서로 회의를 진행하기로 결정했다. 나는 정해진 시간에 따라 명확한 의제를 전달했고, 그 다음 나의 보고서가 시간이 지남에 따라 계속 반복되더니 완전히 혼란스런 정보로 뒤바뀌는 것을 지켜보게 되었다!

　회의가 끝났을 때 나는 참가자들을 꾸짖으며 회의에 대한 그들의 자세와 준비성을 개선해야 한다고 말했다. 즉, 그들은 나와 회사 주주들의 소중한 시간을 낭비해버렸다.

　다음 회의는 더 나아졌지만 여전히 내 기대에는 못 미쳤고, 나는 다시 한번 그들을 나무랐다. 나는 '투 차트 룰(Two-chart Rule)'을 도입하기로 결심했다. 단 한 명도 자신의 주제에 대해 두 가지 차트를 준비하지 않고서는 회의에 참석할 수 없었다. 그들은 두 가지 차트에 담아야 할 내용을 정말로 심사숙고하지 않을 수 없었다.

'투 차트 룰'이 적용된 첫 번째 회의에서 한 사람은 실제로 세 번째 차트까지 설명하려고 시도했다. 그가 세 번째 차트를 꺼내놓았을 때 나는 그에게 자리에 앉을 것을 요청했다. 물론 그는 저항했고 "이 차트는 중요합니다!"라고 말했다. 나는 간단히 이렇게 대답했다. "나도 잘 알고 있네. 하지만 오늘은 아닌 것 같군! 우리 모두 규칙을 따라야 하니까 말이야. 자네 동료들은 내가 요구한 대로 했고 나는 자네 역시 그러길 바라네."

이후 회의에서 문제가 생긴 적은 단 한번도 없었다. 언젠가 당신도 시도해보라. 당신의 직원들이 회의를 존중하는 법을 배우게 되면 규칙을 완화하고 단지 할당된 시간에 충실하도록 요구하라.

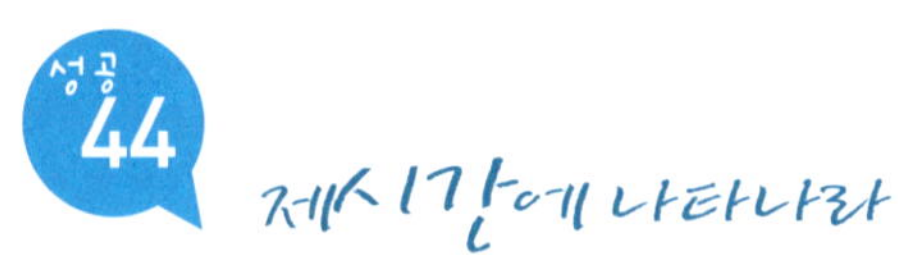

제시간에 나타나라

어떤 시간에 회의에 참석하기로 결정되었다면 반드시 제시간에 나타나라. 나는 5~10분씩 회의에 늦게 나타나는 경영자들을 수도 없이 많이 기다렸다. 심지어 더 늦게 나타나는 사람들도 있다. 얼마나 어리석은 일인가?

만약 여행을 하고 있다면 제시간에 일어나라. '늦잠을 잤다'는 것은 이유가 되지 않는다. 나는 여행갈 때 항상 자명종을 챙긴다. 자명종을 맞춰놓을 뿐만 아니라 모닝콜까지 요청한다. 지나치지 않느냐고? 그렇지 않다. 나는 내가 가야할 곳에 제시간에 도착하기를 원할 뿐이다.

당신이 저지르는 가장 큰 실수 중의 하나는 중요한 회의에 늦게 나타나는 것이다. 당신은 내가 어떤 회의―당신의 상사가 있고, 상사의 상사가 참석하는―를 말하는지 알 것이다. 당신은 늦게 도착해서 슬그머니 자리에 앉을 수 없다. 회의장에는 늦게 도착한 사람의 이름이 언제나 큰 소리로 호명된다. 참가한

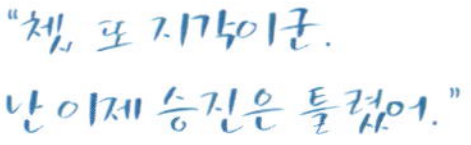

모든 사람들이 고개를 돌리고 당신을
쳐다본다. 당신이 전날 밤에 과음을 했든 안했든, 대부분의 사
람들은 당신을 늦게까지 파티를 즐기는 사람으로 간주하게 될
것이다. 필요하다면 자명종을 세 개 맞춰놓거나 친구에게 도움
을 요청하고, 정해진 시간에 일어날 수 있도록 하라. 제시간에
일어나고 제시간에 나타나라. 시간을 지키기 위해 필요한 일은
약간의 준비뿐이며, 그것으로 인해 나쁜 평판을 얻을 사람은
아무도 없다.

당신에게 걸려온 전화는 직접 받아라

당신의 전화가 울리면 직접 받아라. 나는 걸려오는 전화를 모두 받거나, 곧바로 음성메일에 연결시키는 사람을 매우 좋아한다. 비서나 음성메일을 통해 확인한 뒤 다시 사람들에게 전화를 거는 일은 전화를 직접 받았을 때보다 2~3배 더 많은 시간과 노력을 필요로 한다. 얼마나 엄청난 시간 낭비란 말인가?

사람들은 고위 경영자가 직접 전화를 받았을 때 즐겁게 놀란다. 나에게 그것은 단지 '이봐, 나는 비즈니스를 위해 열려 있네!' 혹은 '나는 자네를 도울 준비가 되어 있어' 라고 말하는 것과 다를 바 없다.

물론 때로는 성가신 외판원의 전화를 받게 되겠지만, 나는 전혀 상관하지 않는다(모든 사람은 저마다 해야 할 일이 있으므로). 나는 대개 그들에게 30초 정도를 주고 나를 설득시키도록 한다. 설득시키지 못하면 정중하게 감사의 말을 전한 뒤 전화를 끊는다.

방금 당신이 무시해버린 그 전화는 당신에게 상당히 가치 있는 전화였을지도 모른다.

지출 명세서를 부풀리지 마라

정당한 지출에 대해서만 비용을 청구하라. 한 푼이라도 더 청구해서는 안 된다. 지출 청구에 대한 회사 방침을 살펴보고 그 지침에서 벗어나지 마라.

나는 나의 친한 친구가 지출 명세서를 속인 것이 발각되어 회사를 쫓겨나는 모습을 지켜보았다. 그는 작은 액수의 돈 때문에 매우 좋은 직장을 잃었다. 그러나 더 나쁜 것은 그가 명성을 잃었고, 다시는 그 명성을 되찾을 수 없다는 사실이다.

만약 회사가 지출 명세서를 회계 감사기관에 보낸다면(이따금씩 그렇게 한다), 당신은 청렴한 사람으로 판명되기를 원할 것이다. 감사기관은 자기 직분에 매우 충실할 것이며, 당신은 감사기관의 심문에서 잘못된 방향으로 나아가길 원치 않을 것이다.

비용 청구는 당신을 앞서 나가게 만드는 것이 아니라, 당신을 결점 없는 사람으로 유지시키는 것을 의미하다.

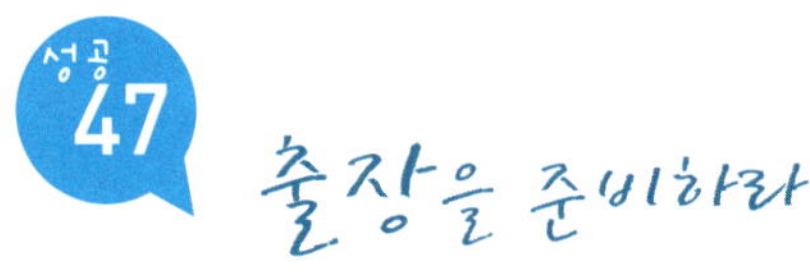

출장을 준비하라

대기업에서 점점 승진할수록 아마 당신에게는 출장 계획이 빈번하게 찾아올 것이다. 지방 대리점의 업무감독이나 판촉독려, 또는 관공서와의 인, 허가 관계등 하루, 또는 길게는 일주일 이상을 외지에 가서 지내는 일이 있을 것이다. 그 시간을 헛되이 낭비하는 우를 범해서는 안 된다.

우선 출장을 가기 전에 준비를 철저히 해야 한다.

■ 출장의 목적이 무엇인가? (영업인지, 아니면 관공서의 허가 등 업무인지 등)

■ 어디로 가는 것인가? (행선지)

■ 누구를 만나야 하는가? (출장 목적에 따라)

■ 현지에서 나를 도와줄 사람은 있는가? (지방 영업소를 돕는 일인지, 아니면 스스로 개척해야 하는지)

■ 숙식은 어떻게 해결해야 하는가? (영업소에서 준비하는지,

아니면 스스로 해결해야 하는지 등)

- 교통편은 어떻게 이용해야 하는가? (자기 차 또는 대중교통을 이용해야 할 것인지 등)
- 복장은 어떻게 준비해야 하는가? (정장이 필요한지 아닌지 등)
- 출장기간은 적당한가?

등등 사내에서 준비해야 할 것이 많다. 만일 첫 출장이라면 먼저 출장을 가본 상상에게 물어서 하나하나 체크하는 것이 좋다. 상사의 경험이 많은 도움이 될 뿐만 아니라 상사는 자기 경험담을 설명해주는 일에 신이 날 것이다. 사람은 자기가 알고 있는 것을 남에게 이야기하기를 좋아한다.

짧은 기간의 출장이라면 대중교통을 이용하는 것이 좋다. 대중교통을 이용하면 차를 타고 가는 동안에 회사 내에서 준비한 출장계획에 대한 내용을 재검토할 수 있는 시간을 벌 수 있다. 도착하면 바로 일을 시작해야 할 상황이 벌어질지도 모르기 때문이다. 출장지에 도착해서 진행해야 할 일을 미리 머리 속에서 리허설을 해보면 도착해서 당황하지 않고 일을 처리할 수 있다.

그리고 며칠씩 걸리는 출장이라면 우선 외모에 신경을 써야 한다. 외지에 나갔다고 해서 해이한 기분으로 술이 덜 깬 모습으로 상대를 만난다거나 영업소 사무실에 들어가서는 안 된다. 아침에 일찍 일어나 용모를 정돈하고 하루의 일정을 정확히 점검하고 움직여야 한다. 사람을 만날 때는 단정한 모습으로 상대하라. 지방 영업소도 자기 사무실의 연장임을 기억하라. 당신의 행동이 경쟁자에게 커다란 미끼가 될 수 있음을 잊지 마라.

그리고 일의 진척 상황을 수시로 상사에게 보고해야 한다. 상사는 출장 간 부하직원의 일을 누구보다도 제일 먼저 알고 싶어 한다. 그러므로 일의 성패와 관계없이 모든 일을 자세하게 상사에게 보고하고 상사의 지시에 따르는 것이 좋다. 상사는 그런 때 필요한 존재이다. 벌어진 상황을 본인만 알고 있다면 상사는 필요 없는 존재가 된다. 상사를 절대로 소외시켜서는 안 된다.

지방 영업소에서 함부로 본사 일을 지껄여서는 안 된다. 언젠가 당신이 그 영업소의 점장으로 올지도 모르고, 본사의 정보를 누출시켜 당신의 승진에 해를 끼칠 수도 있다. 정보를 함부로 누출하지 마라. 특히 휴대폰은 당신도 모르는 사이에 중요한 정보를 흘리는 매개가 될 수 있다. 함부로 여러 사람이 있는 장소에서 휴대폰을 사용하지 마라.

성공 48 당신은 홀로 일어서야 하는 어린아이이다!

　대부분의 회사는 개인의 경력을 관리하도록 훈련시키지 않는다. 바꿔 말해서 최고 경영자를 향한 비행의 책임은 온전히 당신 몫이다. 우선, 당신이 몸담고 있는 조직을 연구하고, 당신을 위한 가장 최선의 행동을 판단해야 한다. 게다가 당신은 스스로의 힘으로 그 지위에 오를 필요가 있다.

　일반적으로, 최고 경영자의 자리에 오르는 길은 매우 명확하다. 현재 당신 회사의 경영 간부들을 살펴보고 그들의 움직임을 주시하라. 과거는 미래를 예고한다. 그들이 최고 경영자가 되기 위해 특정 부서나 업무 조직을 운영하고 있는가? 성공을 향한 뚜렷한 패턴이 있는가? 그렇다면, 유사한 방향으로 움직이는 것을 고려하라. 만약 그렇지 않다면 경험과 지식을 바탕으로 올바른 방향에 대해 추측해보라.

　나에게 최고 경영자가 되는 길은 언제나 분명했다. 어떤 다국적 기업이든 원하는 곳에 이르기 위해서는 자기 자신의 계획을 세우고 성과를 올려야 하며, 가능한 기업적 적대자들을 최소화할 필요가 있다. 당신의 길을 찾아내라. 그리고 그 길이 성공에 이르도록 하라.

최고의 일을 구하라

많은 사람들이 이 점에 대해서 동의하지 않겠지만, 사실은 그렇다…….

절대 돈을 추구하지 말고, 언제나 최고의 일을 구하라. 이 두 가지가 반드시 연결되어 있는 것은 아니다. 최고의 일은 당신이 재빨리 앞서 나가는데 필요한 기술을 가르쳐주고 그 방향을 제시할 것이다.

나는 내가 한 일들에 대해 거의 후회를 하지 않는 편이지만, 할 수 있다면 정말로 되돌리고 싶은 특별한 순간이 있다. 경력을 쌓아가던 초기에 나는 세계적인 소비자 제품 회사의 판매 부사장 바로 밑에서 일할 수 있는 직책을 제안 받았다. 이것은 회사의 많은 리더들이 최고 경영자 자리에 오르는 길에 거쳐 갔던 환상적인 직책이었다. 그 회사는 대단히 매력적이었고, 나는 고속 승진할 위치에 있는 뛰어난 상사와 일할 수 있었다 (즉, 일부러 구하려 해도 쉽지 않은!). 그 일은 모든 것을 갖추고 있었지만, 당시 내가 맡고 있던 일보다 보수가 15퍼센트 적었다. 나는 돈 때문에 그 제안을 거절했고 그것은 어리석은 결정이었다. 나는 2~3천 달러 때문에 결정을 내리고 말았다! 사회 경력을 넓혀라. 돈은 아무것도 아니다.

나는 그 직책을 훌륭히 수행하고 나보다 훨씬 빨리 성공의 길에 들어섰던 사람을 지켜보았다. 기회가 왔지만 나는 때를 놓쳐버렸고, 그것은 영원히 내게 상처로 남아 있을 것이다.

나는 회복했지만 커다란 교훈을 얻었다. 회사에서 최고의 일은 흔치 않다. 돈은 곧 충분히 따라오게 되어있다. 장기적인 안목을 지녀라.

회사를 신중하게 선택하라

세상에는 오직 내부 직원들만을 승진시키는 회사들이 있다. 이것은 그 회사에서 최고 경영자가 되려면 말단사원부터 시작해서 스스로 승진의 기회를 만들어나가야 한다는 것을 의미한다. 나는 이런 회사에서 일한 적이 있는데, 그런 환경에서는 인내(忍耐)가 최고였다. 나는 승진하면서 단 한번도 외부 경쟁에 직면한 적이 없었다.

개인적으로 이런 환경은 '외부' 경험을 좋아하는 나에게 절대 도움이 되지 않았다. 당신은 더 다양한 경험을 해야 한다고 나는 생각한다. 또한 당신은 다양한 회사에서 일하면서 폭넓은 시각을 얻어야 한다고 생각한다. 그러나 이때 주의할 것은 회사를 신중하게 선택하는 일이다. 만약 당신이 동기를 부여받기 위해 많은 변화를 필요로 한다면 '내부 직원들만 승진' 시키는 문화는 당신에게 적합하지 않다.

면접을 보는 동안 회사의 문화와 근무 환경을 알아내려고 애

쓰는 사람은 극히 드물다. 여기에는 직위와 보수의 중요성도 포함된다. 그것에 대해 질문하라.

'에이씨닐슨 오스트레일리아'에서 우리 '인적 자원' 팀은 '에이씨닐슨'의 고용 경험을 설명하는 문서—이것은 '에이씨닐슨'의 모든 지원자에게 배포되었다—를 만들었다. 이 문서는 틀림없는 사실만을 말하고 있으며, 우리가 이것을 만들게 된 이유는 내가 회사에 적합하지 않은 사람을 고용하길 원하지 않았기 때문이다. 그것은 비용 면에서 지나친 낭비이다. 사실을 분명히 밝혀라. 모든 사람이 이런 방식에서 이익을 얻을 수 있을 것이다.

세상에는 수많은 선택이 존재한다. 당신에게 가장 적합한 회사를 선택하라.

당신의 일을 디즈니랜드로 만들어라

월트 디즈니(Walt Disney)는 이렇게 말한 적이 있다.

"디즈니랜드는 결코 완성되지 않을 것이다. 이 세상에 상상력이 남아있는 한 계속 성장할 것이다."

모든 사람은 자신의 직업에 대해 이런 태도를 가져야 한다. 그렇지 않은가? 당신의 일과 회사는 결코 똑같은 장소에 머물러 있을 수 없다. 움직이고 변화하며, 새로운 환경에 적응하고 계속 발전해나가야만 한다.

디즈니는 천재였지만, 동시에 매우 순수한 사람이었다. 디즈니가 디즈니랜드에 대해 생각했던 것과 똑같이 당신의 일을 대하라.

'맥도날드'의 설립자 레이 크록(Ray Kroc)은 내가 존경하는 또 한 사람의 통찰력 있는 리더였다. 그도 디즈니와 비슷한 말을 한 적이 있다.

"나는 30년 후에 사람들이 무엇을 먹고 있을지 잘 모른다.

그러나 '맥도날드'에서 먹고 있을 거라는 건 알고 있다.”

　얼마나 멋진 말인가! '맥도날드'가 메뉴를 어떻게 개발하고 있는지 보라. 여전히 햄버거를 팔고 있지만 건강에 좋은 식품과 접목시키고 있다. 레이 크록은 그 점을 자랑스럽게 생각했을 것이다.

업무 평가를 요구하라

사회생활 초기, 거의 모든 회사에서 당신은 일상적으로 업무를 평가받게 될 것이다. 이것은 중요하다. 비록 그 평가에 대해 전부(혹은 일부) 동의하지 않는다고 하더라도, 사람들이 당신을 어떻게 인식하고 있는지에 대해 차분히 생각해볼 필요가 있다. 예를 들면, 당신은 저녁 때 집에서 정말로 많은 일을 하는 사람일 수도 있지만, 사람들은 당신이 항상 너무 일찍 퇴근하고 동료들만큼 열심히 일하지 않는다고 생각할 수도 있다. 상사와 의논하여 그런 인식을 변화시킬 수 있는 해결책을 찾아라. 잘못된 인식은 당신의 사회생활을 망칠 수 있다!

그리고 대부분의 회사는 높은 위치에 올라갈수록 업무에 대한 평가를 들을 수 없게 된다. 이것은 경영자들을 '내가 하는 대로 하지 말고, 내가 말한 대로 하라'는 원칙에 집착하도록 만든다. 그들은 지위가 낮을수록 업무 평가가 필요하다고 주장하면서도 자기 업무에 대한 평가에는 시간을 투자하지 않는다.

걱정하지 말고 일단 평가를 요구하라. 아마도 한두 가지의 평가를 들을 수 있을 것이다. 아니면, 상사를 만나 함께 점심을 먹으며 당신의 장점과 단점에 대해 말하라. 비록 직접적으로 표현하지 않더라도 당신은 상사로부터 몇 마디 유익한 말들을 듣게 될 것이다.

상사를 미치게 만들고 있지는 않은가?

현재 당신이 상사나 동료들을 미치게 만드는 일을 하고 있다고(게다가 당신은 그런 사실조차 깨닫지 못하고 있다) 상상해보라. 믿기지 않겠지만 이런 일은 상상을 초월할 정도로 빈번하게 일어난다.

그것을 알아내는 가장 간단한 방법은 적당한 때에 '질문'을 하는 것이다. 직접적으로 질문하면 정말로 놀랄 만한 피드백을 얻게 될지도 모른다. 상사가 하는 모든 말을 겸허히 받아들여라. 그리고 이제 당신이 알게 된 문제를 어떻게 해결할 것인지에 대해 생각하라.

규칙대로 하라

비즈니스 윤리가 바로 지금보다 더 중요한 적은 일찍이 한번도 없었다. '엔론(Enron)'의 몰락과 '월드콤(Worldcom)'의 재난, 대기업의 수많은 CEO들이 파면되고 있는 현실을 감안하면 그 이유를 쉽게 이해할 것이다.

정직과 성실, 윤리는 비즈니스와 인생에서 필요 불가결한 요소이다. 자신의 개인적인 이득이나 욕망을 추구하기 위해 '유혹'에 절대로 넘어가서는 안 된다. 그것은 완전히 잘못된 길이며 당신은 덫에 걸리고 말 것이다.

당신이 내린 결정 때문에 주주들은 말할 것도 없고, 직장을 잃게 될지도 모를 많은 직원들을 생각하라. 그리고 만약 그것으로 불충분하다면 당신이 개인적으로 치르게 될 대가—형사 소송, 암울한 미래, 추방당한 자로서의 삶—를 생각하라.

회사는 원하는 만큼 엄격한 복종 체계를 마련할 수 있지만 실제로 기업 윤리가 지켜질 수 있는 단 하나의 효과적인 방법은 각 개인의 행동을 통해서이다.

당신은 열심히, 그리고 민첩하게 일함으로써 성공하고 보상 받을 수 있다. 규칙대로 하라. 절대로 예외란 없다.

해외 주재원이 되어라
(단, 당신에게 적합하다면)

해외 주재원은 대개 일정 기간 동안 어떤 임무를 부여받고 다른 나라에 보내지는 직원을 말한다. 이런 임무는 회사에 대단히 많은 비용을 발생시키기 때문에 보통 우수한 인재들에게만 제안된다.

해외에 나가는 일이 당신의 계획과, 능력과, 가족 상황에 적합하다면 그것은 최고 경영자의 자리에 오르는 지름길이다. 해외 주재원이 되기 전에 신중히 생각하라. 가족이 있다면 당신과 가족을 위해 적합한 일인지 심사숙고하라. 어느 때이든 집을 옮기는 일은 어렵다. 해외로 집을 옮기는 일은 훨씬 더 어렵다. 그것은 해외 주재원의 이혼율이 평균보다 50퍼센트 더 높다는 사실에서 증명된다. 당신이 밖에서 일하는 동안 배우자는 집안에만 있어야 할지도 모르며, 낯선 나라에서 친구를 사귀는 일은 생각만큼 쉽지 않다. 나는 어린아이들이 외국 생활에 재빨리 적응한다는 사실을 발견했다. 13세 이상이면 시간이 더 걸린다.

　해외 생활에서는 가족들의 필요사항을 합리적으로 만족시켜주는 일이 상당히 중요하다. 특히, 당신은 생활하기에 좋은 환경을 마련해줄 수 있어야 한다. 생활환경이 열악한 곳이라면 해외 주재에 동의하지 마라. 그것은 가족들로부터 끊임없는 불만을 불러일으킬 것이다. 회사가 아이들의 사교육비를 지원할 것인지에 대해 명확히 집고 넘어가라.

　해외 근무를 고려하고 있다면 현재 해외에 거주하거나 그런 경험이 있는 사람과 상의하라. 이것은 당신이 풀어야할 숙제이다! 준비를 제대로 끝낸다면 환상적인 경험이 될 수 있지만, 그렇지 못하다면 엄청나게 많은 위험을 감수하게 될 것이다.

'특별'하다고 해서 항상 좋은 것은 아니다

직함에 '특별'이라는 단어가 들어가는 일을 절대로 맡지 마라. 이것은 '나는 열외로 벗어나 있다'라는 뜻의 기업 암호이다. 생각해보라. 회사는 팀과 팀워크를 장려하기 위해 엄청난 시간을 투자한다. 그런데 갑자기 누군가를 '특별'하다고 선언한다면? 특별하다는 것은 대부분의 회사에서 좋은 의미가 아니다.

신문에서 회사 개편이라는 단어에 따라 기사를 주의 깊게 읽어보라. 갑자기 '특별'이라는 호칭을 얻게 된 몇몇 사람들을 발견하게 될 것이다.

당신이 독불장군이라면?

'맥도날드 오스트레일리아'의 전무이사 가이 루소(Guy Russo)는 최근 '미국 상공 회의소'에서 열린 오찬에 참석해서 '맥도날드'의 경영 철학에 대해 이야기했다. '맥도날드'는 지금껏 전 세계를 통해 상품과 서비스를 일관적으로 제공해왔지만, 각 지역을 담당하고 있는 회사들에게 '맥도날드'사의 전체 기준을 벗어나지 않은 범위 내에서 경영 자율권을 허용한다는 내용이었다.

이것은 오늘날 대부분의 성공적인 다국적 기업들이 취하고 있는 경영 방침으로, 무엇보다 기업에서 독불장군들이 자취를 감췄다는 것을 의미한다. 다국적 기업은 창의성과 혁신을 중요하게 생각하지만, 어디까지나 기업의 더 커다란 요구를 만족시키는 통제된 범위 내에서 가능하다.

내가 사회생활을 하면서 만났던 가장 훌륭한 독불장군은 데이비드 오닐(David O' Neill)이라는 뉴질랜드 사람이었다. 오닐은 작은 회사를 대단히 좋아했고, 그 환경에서 성공을 일궈냈다. 그는 커다란 비전과 열정을 가지고 회사들을 설립했다. 그리고 회사를 적당한 규모로 키운 다음, 매각하곤 했다. '에이씨 닐슨'은 그런 회사들 중 하나를 인수했고, 당시 오닐은 '에이씨 닐슨 뉴질랜드'의 전체 운영을 맡고 있었다. 오닐은 그 역할을 훌륭히 수행하고 있었지만 결코 만족을 느끼지 않았다.

그는 대기업이 갖고 있는 구조와 관료 체계를 끔찍이 싫어했다. 그런 환경에서는 독불장군이 될 수 없었다. 오닐은 자신이 전권을 휘두르며 성장시킬 수 있는 작고 민첩한 환경을 필요로 했다.

만약 당신이 독불장군이거나 또는 독불장군이 되기를 원한다면 다국적 기업을 피하라. 다국적 기업은 일반적으로 번창할 수 있는 구조를 필요로 한다. 이제 막 시작하는 회사를 찾아라. 그러면 당신은 더욱 행복할 것이다.

변화를 추구하라

최고 경영자의 자리에 오르기 위해서는 용기가 필요하다. 절대 변화를 두려워하지 마라. 변화에 소극적이라면 당신은 성장하지 못한다. 성장하지 못하면 당신은 어떤 조직에서든 크게 성공하지 못할 것이다.

만약 지금 하고 있는 일을 2년, 혹은 그 이상 해오고 있다면 변화가 필요한 시간이 되었다. 당신은 다음 단계의 일을 하기 위해 정말로 스스로를 마케팅하기 시작해야 한다. 다음 단계의 일을 얻는데 6개월(아마도 그 이상)이 소요될지도 모른다는 점을 당연하게 받아들여라. 인내와 끈기가 필요하다.

당신이 변화를 원하며, 왜 원하는지를 상사가 알도록 하라. 그것을 위협적으로 느끼는 사람은 아무도 없을 것이다. 인적 자원 부서를 이용하라. 그들에게 당신의 경력을 위해 도움을 달라고 요청하라. 그들이 유능하다면 분명 흔쾌히 도와줄 것이다.

최근 오스트레일리아에 있을 때 상당히 높은 지위의 한 매니저가 나를 찾아온 일이 있었다. 그는 자신이 바라보는 자신의 지위에 대해 차분히 설명하기 시작했다. 그의 태도는 긍정적이고 의욕적이었다. 지난 2년간 어떤 일을 해왔고 또 어떤 성과를 올렸는지 이야기했다. 그리고 자기는 지금의 상사 자리에 오를 수 있는 자격이 있다고 생각한다고 했다.

그런데 상사는 그 자리에 오른 지 채 일년도 되지 않았고, 조만간 다른 자리로 이동할 가능성이 없다고 말했다. 따라서 그는 2년 동안 다른 업계에서 현재와 비슷한 업무를 수행한 뒤 다시 지금의 회사로 돌아오면 어떻겠느냐고 제안했다. 그 경험은 그가 더 뛰어난 능력을 갖추고 돌아올 수 있도록 만들 것이었다. 그의 말에는 상당히 일 리가 있었고, 우리는 그의 제안을 받아들였다. 그의 진취적 기상이 없었다면 아마도 이런 일은 일어나지 않았을 것이다. 자리에 앉아서 기다리지 마라. 당신은 선잠에 빠지게 되고 결국 실패한다!

변화를 즐겨라. 새로운 임무와 도전을 즐겨라. 변화가 좋다는 것을 한번 진정으로 믿게 되면 당신은 모든 경우에 변화를 추구하게 될 것이다. 남들과 다른 사람이 될 것이다.

회사의 임명(任命) 체계를 이용하라

대부분의 대기업들은 직원들이 전 부서를 통틀어 회사 내부의 업무 기회를 이해할 수 있도록 확립된 임명 체계를 갖고 있다. 업무 이동은 앞으로 나아가는 좋은 기회가 될 수도 있지만 다음과 같은 주의가 필요하다.

- 한번도 상사와 의논한 적이 없는 업무를 지원하지 마라. 놀랍게도 대기업에서 사람들은 대개 상사의 지식이나 도움 없이 새로운 업무를 지원한다. 이것은 절대로 피해야 할 일이다. 상사가 당신과 같은 배를 타지 않는다면 당신은 혼자가 되고 만다.
- 만약 당신에게 좋은 기회가 찾아왔고 당신이 그 일에 적합한 능력을 갖추고 있다면 아마도 상사는 당신을 지원(支援)할 것이다. 지원하지 않는다면 그 이유를 알아내라. 상사와 토론하고 사실을 깨달아라.

■ 상사가 당신에게 물어보게 될 질문—"만약 자네에게 이런 기회가 온다면, 자네의 후임자로 누가 적당하겠는가?"—에 대해 미리 준비하라. 만약 적당한 후임자를 추천한다면 상사는 아주 쉽게 당신을 지원할 수 있을 것이다.

■ 당신에게 적합하지 않은 업무, 즉 당신이 잘 할 수 없는 일을 지원하지 마라. 당신은 하루아침에 중간 매니저 역할에서 전무이사가 될 수 없다. 경력은 발전과 함께 쌓여진다. 꿈꾸는 것은 좋지만 아무도 모르게 하라.

적극적인 자세로 기회를 얻으려고 노력하라. 업무 이동은 정보의 커다란 원천이 될 수 있다. 임명 체계를 당신에게 유리한 방향으로 이용하라.

올바르게 사임(辭任)하라

사표를 제출하는 과정은 당신이 경력을 쌓기 위해 기울였던 그 어떤 노력보다 더 올바르게 이루어져야 한다. 언젠가 당신은 그 회사로 돌아가길 원할지도 모르며, 그리고 반드시 상사의 격려와 지지를 받으며 회사를 떠나야 한다. 세상은 좁고, 당신은 모든 곳에서 환영받기를 원한다.

그렇다면 무엇을 고려해야 하는가?

- 우선, 절대로 상사를 놀라게 해서는 안 된다. 만약 다른 회사의 스카우트 제의를 거의 수락한 상태라면 개인적으로 그 사실을 상사에게 알려라. 나는 부하 직원이 이렇게 했을 때 항상 고맙게 생각하는데, 왜냐하면 예기치 못한 일로 놀랄 필요가 없고 내게 준비할 시간을 주기 때문이다.
- 일단 사임하기로 결정했다면 '직접' 상사를 만나 다른 회사로부터 스카우트를 제의받았고 현재 그것을 '고려하고

있다'고 말하라. 상사는 그 일이 아직 결정되지 않았고 자신에게 선택의 여지가 있다는 사실에 고마워할 것이다. 감정적으로 흐르지 마라. 그리고 '보수를 올려주지 않으면 떠나겠다'고 요구하는 것처럼 보이지 않도록 하라. 당신은 그런 강청(强請)에서 승리할 수 없을 뿐만 아니라, (현재와 미래의) 당신에 대한 신용을 심각하게 훼손하게 될 것이다.

■ 절대 이메일이나 편지로 사임하지 마라. 그럴 사람이 어디 있느냐고? 어리석게 들리지만 그런 일은 일어난다. 이런 행동은 '그 회사에 다시는 돌아갈 수 없게 만드는' 지름길이다.

■ 당신의 상사가 출장이나 휴가차 자리를 비웠을 때 사임하지 마라. 당신의 상사는 당신에게 실망하게 되고…… 위에서 언급했던 것처럼 '그 회사에 다시는 돌아갈 수 없게 된다.'

■ 적당한 때-개인적으로 상사에게 말한 이후-그동안 보여준 아낌없는 지원에 감사하다는 내용을 담아 상사에게 공식적으로 사표를 제출하라. 회사를 떠나는 이유에 대해서는 언급하지 마라. 언급하고 나면 기분은 좋아질지 모르지만 당신에게 유익한 일은 아무것도 없을 것이다. 종

이를 아껴라.

■ 회사 기밀에 대해서는 입을 다물어라. 당신이 권리를 갖고 있지 않은 그 어떤 서류도 가지고 나와서는 안 된다. 모르겠다면 물어보거나, 일어날 수 있는 소송에 대해 준비하라.

■ 회사를 떠나는 날짜에 융통성을 보여라. 만약 회사가 당신을 좀더 필요로 한다면 수용하라.

■ 사임하기 전에 고용 계약서나 당신이 회사와 맺었던 동의서를 다시 한번 읽어라. 회사가 그들에게 유리한 조항을 강조하게 될 것임을 예측하라. 회사가(비록 당신의 친구들로 이뤄졌다 할지라도) 그들의 비즈니스를 보호하는 조항을 간과할 것으로 절대 예측하지 마라. 그들은 어리석지 않다.

■ 만약 당신이 직접적인 경쟁사로 자리를 옮기는 거라면 즉각적인 탈출로를 준비하라. 회사의 요구에 협조적으로 응하라.

■ 동료에게 당신이 새로운 직장을 찾고 있다는 사실을 절대로 말하지 마라. 당신의 말은 동료를 난처한 처지에 빠트리게 될 뿐이다. 영리한 상사는 당신이 사임할 때 당신이 언제부터 새로운 직장을 찾기 시작했으며, 또 그 사실을 누가 알고 있었는지 물을 것이다.

■ 사임을 준비하는데 시간을 보내라. 세상은 좁고, 경력은 짧으며, 상황은 유동적이다. 당신은 먼 훗날 지금 당신이 떠나려는 회사에서 다시 일하기를 원하거나, 혹은 지금의 상사를 다시 만나 함께 일하게 될지도 모른다. 작은 계획과 상식으로 먼 훗날을 준비하라.

나는 20대 후반 회사를 옮기면서 엄청난 실수를 저질렀다. 그때의 어리석음은 오늘날까지 나의 뇌리에서 잊혀지지 않고 있다. 당시 나는 한 글로벌 회사의 창업 부서에서 일하고 있었다. 비즈니스가 순탄치 못한 상태에서 우리 부서가 곧 문을 닫게 될 거라는 소문이 공공연하게 나돌고 있었다. CEO가 나를 자신의 사무실로 불렀고, 전혀 뜻밖에 상무이사 자리—사실상 창업 부서를 책임지는!—를 내게 제안했다. 문제는, 그때 내가 보스턴의 한 창업 회사로부터 스카우트를 제의받고 있었다는 사실이다. 상당히 좋은 직위에, 상당히 좋은 조건이었다. 그러나 CEO 앞에 섰을 때 나는 머리가 멍한 상태였다. 그는 계속해서 승진에 대해 이야기했지만 나는 그의 말을 거의 알아듣지 못했다. 그저 멍한 상태로 어찌할 바를 몰랐다.

나는 승진에 대해 아무 말도 하지 않은 채 그의 사무실을 나왔다. 한 시간 후, 놀랍게도 나의 승진 소식이 전해졌다. 나는 식은땀을 흘리며 집으로 돌아갔다. 다음 날 아침 사무실에 들어섰을 때 나는 동료들로부터 열렬한 축하인사를 받았다. 그러나 나는 다른 일을 원했고, 3일 후 사표를 제출했다. CEO에게 그 사실을 말했을 때 그는 불같이 화를 내며 당장 회사를 떠나라고 소리쳤다.

이것은 신참들이 흔히 저지르는 실수 중 하나이다. 나는 CEO가 승진에 대해 처음 이야기했을 때 내 입장을 분명히 밝혔어야 했다. 나는 철저히 그를 당황시키고 말았다. 얼마나 서투른 플레이란 말인가? 아마추어가 아닌 프로의 자세로 사임을 준비하라.

과도한 욕심을 버려라

직장을 옮기거나 승진할 때 당신은 새로운 보상 체계를 제시받을 것이다. 여기에는 기본급과 보너스, 자동차, 인센티브, 스톡옵션, 해외근무 등이 포함된다. 그 제안을 신중히 검토하고 얼마만큼 현실적인지를 타진하라. 하룻밤 사이에 소득을 두 배로 올리는 사람은 거의 없다. 욕심은 좋을 수도 있지만 어리석을 수도 있다.

총명한 경영자는 제시된 것들이 최종 제안과 상당히 유사한 조건인지 이해해 가면서 그 제안을 검토할 것이다. 우둔한 경영자는 불가능한 것을 요구할지라도 믿을 것이다.

'한번에 한 가지씩' 얻는다는 건 나의 오래된 믿음이다. 어떤 제안이든 실리적으로 검토하고, 당신이 원하는 적정선에서 한두 가지를 선택하라. 겸손하게 당신의 요구사항을 제시하고, 언제나 타협의 여지를 남겨놓아라.

지나치게 많은 것을 요구하거나 그렇게 보이면 당신과 새로운 회사의 관계는 처음부터 마찰을 빚게 된다. 그리고 다시는 그 관계를 회복하지 못할지도 모른다! 이것은 직장을 옮기지 않은 것만 못하다.

새로운 회사에서 점수를 따길 원한다면 앞으로 당신의 '성과'에 따라 보수를 받겠다고 요청하라. 고용주는 성과급 제도를 매우 좋아하며, 일반적으로 이것은 당신이 정직하고 자신감에 넘치는 사람임을 시사한다. 회사 입장에서 볼 때 위험요소가 전혀 없다. 당신이 큰 성과를 올리면 많이 보상하고, 그렇지 못하면 보상하지 않는다. 보수를 높이기 위해 스톡옵션이나 성과에 기초한 다른 인센티브 제도를 제안할 수도 있다. 기본급은 협상하기에 가장 까다롭고 가장 위험한 항목이다. 현실적인 사람이 되라.

나는 개인적으로 협상과정이 원만하지 못할 때 모든 제안을 철회해버린다. 두통을 앓을 필요가 전혀 없는 것이다. 세상은 인재들로 가득하고, 나는 현실적이며 영리한 사람을 고용하길 원한다. 그러니 기억하라. 당신은 한번에 한 가지만을 얻을 수 있다.

토드 브랜트 같은 사람이 되어라

나는 수백, 아니 수천 명의 사람들을 고용해봤지만, 토드 브랜트(Todd Brant) 같은 사람은 단 한 명도 없었다.

경력을 쌓아가던 초기, 나는 코네티커트주 스탬포드에서 '에이씨닐슨' 사무실을 운영하고 있었다. 사무실로 올라가는데 누군가 혼자서 로비에 앉아있는 모습이 눈에 띄었다. 나는 걸음을 멈추고 그에게 도움이 필요한지 물었다.

그가 고개를 들더니 이렇게 말했다. "저는 토드 브랜트라고 합니다. 그리고 정말로 이 회사에서 일하고 싶습니다." 약속을 하지는 않았지만 그는 인터뷰를 하기 위해 모든 준비를 마치고 로비에 앉아 기다리고 있었다.

나는 그의 용기와 진취성이 대단히 마음에 들었다. 나는 하던 일을 멈추고 그를 면접했으며, 그리고 고용했다. 결국 나의 결정으로 회사는 커다란 이익을 얻었고, 현재 그는 대단히 성공적인 사회생활을 만끽하고 있다.

소송은 하느냐 마느냐, 두 가지 선택밖에 없다

이 세상은 10년 전에 비해 소송이 난무하는 곳으로 변했고, 기업 세계 또한 소송에 매달리게 되었다. 나의 경험에 따르면 기업 내의 이런 추세는 상당히 악의 있는 법률 관계자가 아니라 비즈니스 성과를 올리기 위해 가능한 모든 방법을 찾고 있는 기업인들에 의해 주도되고 있다.

만약 당신이 기업의 리더라면 당장 소송에 필요한 비용과 소송이 가져올 장래의 이익을 비교하여 신중히 검토해야 한다. 완전한 승리란 극히 드물며, 소송에 필요한 비용 역시 상당히 높은 게 사실이다. 대부분의 사람들은 법정에 출두하기보다 비즈니스적인 해결 방법을 원하게 될 것이다.

변호사를 선임하는 데는 비용이 많이 든다. 이것은 단지 소송에 필요한 '고(高)' 비용 중 하나에 불과하다. 당신은 가령 비즈니스에 필요한 시간을 빼앗기는 것 같은 '저(低)' 비용들 역시 감안해야 한다. 소송이 가져올 수 있는 손실을 절대 과소평가하지 마라.

소송을 시작하기 전에 모든 상황을 충분히 고려하라. 소송은 수년에 걸쳐 진행될 수 있고(당신이 세상 어디에 있든 상관없이), 일단 시작하면 그만두기가 어렵다. 때로는 소송을 취하하는 일이 매우 유익할 수도 있지만 그것은 당신을 패배자로 느끼게 만든다.

변호사는 대개 그들이 알고 있는 사실과 당신의 승산에 대해 이야기할 것이다. 변호사의 말을 주관적으로 받아들여서 감정에 치우친 결정을 내리지 마라. 이성적이고 객관적이며, 비즈니스적인 결정을 내려라. 비즈니스에 전념할 시간을 법정에서 헛되이 보내지 마라.

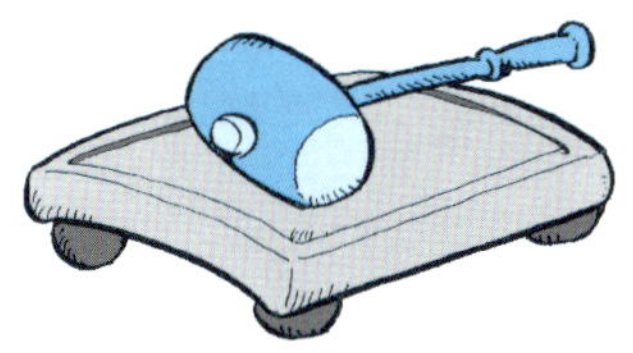

회사의 법률 고문과 친구가 되어라

회사의 법률 고문과 친구가 되라. 회사의 법률 고문과 알고 지내는 일은 상당히 좋은 생각이다. 법률 고문은 당신의 '친구' 가 될 수 있다. 실제로 그들은 당신과 회사가 위험에 빠지지 않고 계속 일하도록 도울 수 있다.

만약 당신이 누군가와 결판을 내야 하는 상황이라면 그들과 상의하라.

만약 당신이 고객과 계약을 맺고 있다면 그들과 상의하라.

만약 고객이 계약을 파기하려 한다면 그들과 상의하라.

만약 당신이 경쟁자를 만나야 한다면 그들과 상의하라.

만약 당신이 회사에 불이익을 가져다줄지도 모르는 어떤 서류에 서명해야 한다면 그들과 상의하라.

회사의 법률 고문과 시간을 보내라. 그러면 당신은 커다란 두통거리-아마도 당신의 경력을 무너뜨리는 유형의-에서 해방될 것이다.

이제부터 '밥(Bob)'이라는 사람에 대해 이야기해 보겠다. 밥은 미국에서 회사의 중요한 시장(市場)이 되는 곳의 새로운 비즈니스 책임자가 되어 부임하게 되었다. 회사는 수년간 그곳에서 커다란 수익을 올렸지만 최근 창의적이고 공격적인 경쟁사가 나타나면서 수익이 급격히 감소하고 말았다. 회사는 전(前) 책임자를 밥으로 교체했다. 전 책임자가 새로운 경쟁 환경에 적응하지 못했기 때문이다.

밥은 그곳에 도착하자마자 재빨리 변화를 추구했다. 우선 마케팅 직원들을 모아놓고 상품의 생산라인과 가격을 검토하도록 했다. 밥은 가격 면에서 자사의 상품이 경쟁사에 비해 크게 뒤지고 있음을 알아냈다. 밥은 상품에 가격을 다르게 매겨서 판매하는 계획을 고안했고, 즉시 그것을 실행에 옮기도록 지시했다.

밥은 매일 그 결과를 모니터했다. 계획은 효과가 있었다. 경쟁사로 인한 손실이 거의 완전히 멈춰버렸고 밥은 크게 만족했다.

그러고 나서 밥은 법원으로부터 서류 한 통을 받게 되었다. 경쟁사에서 밥의 회사를 불공정 거래행위로 고소한 것이었다.

밥은 자신의 상사와 회사의 법률 고문과 함께 회의에 참석하였다. 법률 고문은 밥에게 회사 변호사들이 그의 계획에 대해 아무것도 아는 것이 없다고 말했다. 밥은 자기 계획을 변호사에게 말할 필요성을 한번도 느낀 적이 없었기 때문이라고 대답했다. 밥은 자신의 마케팅 프로그램을 오직 경쟁사를 효과적으로 물리치는데 적용하고 있었다. 법률 고문은 밥에게 그의 의도는 정당할지 몰라도 그의 계획은 그렇지 않다고 설명했다. 밥이 채택한 대부분의 방법들은 법의 테두리를 벗어나 있었다. 회사는 밥의 행동을 변호하기 위해 어려운 시간을 보내게 될 것이 분명했다. 법률 고문은 밥이 미리 자기 계획을 변호사들과 상의했더라면 법의 테두리를 벗어나지 않는 선에서 목표를 성취할 수 있도록 도울 수 있었을 거라고 덧붙였다.

그 회사는 엄청난 법적 비용을 초래하고 경영에 필요한 무수히 많은 시간을 회의와 증언에 허비하며 소송에 3년을 보냈다. 결국 그들은 경쟁사에 막대한 돈을 지불하는 것으로 소송을 종결시켰다. 경쟁사는 오늘날까지 그 시장을 굳건히 지키고 있으며, 밥은 이제 더 이상 그 회사에서 일하지 않는다.

법률 고문은 일을 지체시키기 위해서가 아니라 도움을 주기 위해서 회사에 존재한다. 그들에게 당신의 비즈니스 분야를 가르쳐주고, 현재 직면하고 있는 난관에 대해 알려라. 회사의 법률팀과 가능한 빨리 업무 관계를 맺고, 그들을 당신 팀의 활동적인 구성원으로 포함시켜라. 당신은 많은 이득을 얻게 되고, 당신의 회사와 경력을 무너뜨릴 수 있는 치명적인 실수를 피하게 될 것이다.

중요한 프레젠테이션을 준비하라

　대기업에서는 한두 명의 고위 경영진 앞에서 프레젠테이션을 하는 기회가 극히 드물다. 그러나 기회가 올 때를 대비해서 언제나 확실한 준비를 하고 있어야 한다. 당신의 메시지를 통합하고 차트의 수를 최소화하라. 그리고 정보를 '쉽게' 만들어라. 기억하라. 최고 경영자는 대개 1마일 넓게, 그리고 1인치 깊게 보며, 해박한 지식을 갖고 있기는 하지만 대부분의 경우 세부사항까지 모두 꿰뚫고 있지는 못하다.

　프레젠테이션 청취자를 지루하게 만드는 가장 빠른 방법은 그들이 알지 못하는 내용을 이야기하는 것이다. 그들이 무엇에 정통(精通)해 있고 무엇에 관심이 있는지 알아내라. 명확하고 간결하게 프레젠테이션을 진행하고 끝내라. 짧은 프레젠테이션이 긴 프레젠테이션보다 더 큰 효과를 발휘한다.

　나는 CEO들이 평균 10세 아동의 주의(注意) 지속 시간을 갖고 있음을 알아냈다. 그들에게 흥미롭고 간단한 이야기를 들려

주어라. 그러면 귀를 기울이고 이야기를 즐길 것이다. 만약 기술적이고 지루한 프레젠테이션을 한다면 '공상'에 빠져버릴 것이다.

프레젠테이션을 할 때는 청취자들을 자세히 살펴라. 만약 그들이 빨리 서두르라는 신호를 보내고 있다면 빨리 서둘러라. 메시지를 전달하는 동안 그들이 원하는 것을 해주어라.

그리고 프레젠테이션이 끝나면 시간을 내준 것에 감사하다고 말하라. CEO들은 감사받는 걸 좋아한다. 최고 경영자의 자리에서는 그런 인사를 많이 받지 못한다.

당신이 쌓아온 많은 경력이 잘못된 프레젠테이션으로 한순간에 무너져버릴 수도 있다. 철저히 준비하고 프레젠테이션 청취자들을 파악하는 것만이 최선이다! 다음을 기억하라.

■ 프레젠테이션 준비에 시간을 투자하라.

■ 프레젠테이션 청취자들을 파악하라.

■ 자료와 메시지를 간단히 정리하라.

■ 제안과 결론을 만들어라.

■ 프레젠테이션을 끝낼 때 간략히 요약하라.

■ 프레젠테이션을 제시간에 끝내라.

■ 프레젠테이션 청취자들에게 감사의 인사를 전하라.

재능 있는 사람들로 주위를 채워라

우리는 모두 어떤 일에는 유능하고 다른 일에는 그렇지 못하다. 당신이 무엇을 잘 하는지 못하는지 평가하라. 그리고 조직이나 팀을 구성할 때 당신의 약점을 보완할 수 있는 사람들로 주위를 채워라. 당신보다 유능한 사람을 찾아서 고용하는 일을 절대로 두려워해서는 안 된다. 그들이 유능할수록 당신 또한 유능하게 보일 것이다.

당신에게 충실하고 당신과 가치관을 공유하는 사람을 고용하라. 에너지와 열정이 넘치는 사람을 고용하라. 긍정적인 태도를 지닌 사람만을 고용하라. 그렇지 못한 태도를 지닌 직원이라면 가차 없이 해고하라. 그들은 조직에서 암세포와 같은 존재로, 그들의 나쁜 영향이 퍼지기 전에 제거해야 한다.

조직 안에 있는 모든 사람에게 당신의 역할을 분명히 밝힌 다음, 그들에게 스스로 계획을 세울 수 있는 자유를 주어라. 그들 대신 계획을 세워서는 안 된다. 그들이 스스로 계획을 세우도록 만든 다음, 비유하자면 편집과 교정 단계에서 참여하라. 당신은 곧 누가 당신의 최고 경영자인지 알게 될 것이다. 그들은 최고의 계획을 제시하고, 아마도 가장 간절히 당신의 의견과 조언을 구하는 사람들일 것이다. 명심하라. 허술한 계획과 낮은 성취 사이에는 밀접한 상관관계가 있다.

다양한 재능은 아름답다! 그 재능들이 하나로 어우러질 수 있도록 지휘하라. 그러면 당신은 최고의 결실을 얻게 될 것이다.

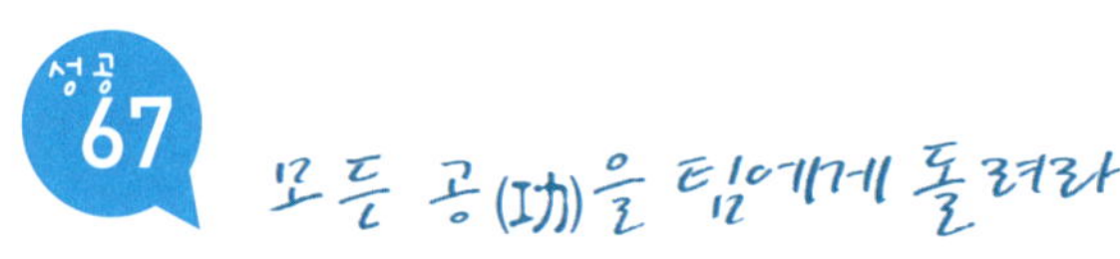

　가능한 언제든 모든 공(功)을 '팀'에게 돌려라. 모든 고위 경영자는 '팀'과 '팀워크'라는 말을 대단히 좋아한다. 이런 말은 모든 회사의 복도에서 울려 퍼진다. 개인에게 공을 돌리는 일이 없도록 하라.

　사람들은 성공한 팀에 대해 좋은 느낌을 받는다. 당신이 팀의 최고 선수일지도 모르지만 언제나 겸손해야 한다. 팀을 칭찬하라. 모든 사람의 공헌에 대해 이야기하고, 비록 당신이 매우 중요한 역할을 했더라도 스스로 자랑하지 마라.

　팀을 승리로 이끈 훌륭한 코치는 이렇게 말한다. "선수들이 훌륭하게 경기를 했습니다. 그들은 실력을 유감없이 발휘했어요.", "팬들의 성원에 진심으로 감사드립니다.", "저를 이 자리에 있게 해주신 구단 관계자분들께 감사의 말씀을 전하고 싶습니다." 그들은 자신을 제외하고 모든 사람을 칭찬한다. 사람들은 굳이 듣지 않아도 코치가 팀 성공에 결정적인 역할을 했다는 걸 잘 알고 있다.

팀을 우승시켜라. 그러면 당신은 주목받을 것이다. 모든 공을 팀에게 돌려라. 그러면 당신은 사랑받을 것이다.

들리지 않는 말에 귀를 기울여라

기업이라는 먹이사슬을 오르는 어려운 일 중의 하나는 더 높이 올라갈수록 당신이 얻는 정보가 더욱 더 가공되고 살균된다는 사실이다. 간단히 말해서, 사람들은 누구나 안전한 곳에 머물길 원하기 때문에 종종 진실을 감추거나 눈감아버린다. 사람들의 말에 귀를 기울이고 그들의 몸짓과 표정을 주의 깊게 관찰하라.

뭔가 잘못됐을지도 모른다고 느낀다면 질문을 퍼부어라. 또는 나처럼 솔직히 드러내놓고 진실을 물어보라. 상대방은 대개 마음을 가라앉히고 모든 진실을 털어놓게 된다. 왜냐하면 이미 당신이 안전망을 제공했기 때문이다.

이것은 쉬운 일 같지만, 숙련된 기술을 필요로 하는 고난도의 스포츠와 같다. 우리는 자리에 앉아서 말없이 다른 사람의 생각과 의견을 들어야 한다고 배우지 않는다. 활발하게 그리고 적극적으로 대화에 참여하라고 배운다.

듣는 법을 배워라. 잘 들으면 진실을 얻는다. 진실을 얻으면 훌륭한 결정을 내린다. 훌륭한 결정은 당신을 성공으로 이끈다.

삶의 추종자를 만들어라

　우리는 새천년이 시작되면서 우리가 원하는 변화를 리더들에게서 발견했다. 폭군적인 보스―소리치고 비난하고 직원들을 쩔쩔매게 만드는―의 시대가 지나간 것이다.

　오늘날의 성공적인 리더들은 냉정하고 침착하다. 그들은 언제나 자제력이 높다는 인상을 준다. 그들은 사람들의 말에 귀를 기울이고, 논리정연하고 전문가적인 방식으로 지도력을 발휘한다. 그들은 '동의'를 얻기 위해 자신의 행동과 결정을 설명한다.

　오늘날 경영자는 많은 의견을 수렴해서 의사를 결정할 필요가 있다. 모든 의견을 환영해야 한다. '당신이 내 결정을 좋아하지 않을지도 모르지만, 언제든 당신의 의견을 반영시킬 수 있습니다' 라는 말은 언제나 많은 사람을 설득시키게 될 것이다. 많은 의견을 수렴하는 일은 직원들에게 의욕을 불러일으킨다.

사람은 본래 자신의 의견을 말하고 그것이 존중되기를 원한다. 즉 자신이 어떤 역할을 담당하고 있다는 소속감을 원하는 것이다. 의사 결정에서 배제된 사람들은 소외감을 느끼기 마련이고, 따라서 일에 대한 의욕을 잃어버린다. 당신이 얼마나 훌륭한 경영자인지를 가늠하게 해주는 상당히 좋은 지표는 매년 얼마나 많은 직원들이 당신에게 사표를 제출하고 있느냐이다. 나는 지금껏 일 년에 사표를 한 개 이상 받아본 적이 없으며, 수년간 단 한 개의 사표를 받지 않은 적도 있었다.

직원이 행복하다면 당신은 경영자로서 임무를 훌륭히 수행하고 있는 것이다. 사람들은 대개 자신이 좋아하는 직장-특히 상사-을 떠나지 않는다. 직원들을 올바르게 대하라. 그러면 당신은 삶의 추종자를 얻을 것이다.

당신 팀의 코치가 되어라

필 잭슨(Phil Jackson)은 현재 미국 NBA팀 LA레이커스의 수석 코치이다. 나는 한번도 그를 만난 적이 없지만 수년간 그의 이력을 주의 깊게 지켜봐왔다. 잭슨은 레이커스와 시카고 불스를 수차례 우승으로 이끌었다. 그에게는, 비유하자면 '음료를 휘젓는' 능력이 있는데, 바꿔 말해서 훌륭한 선수들을 데려다가 한 명의 숙련된 장인처럼 어우러지도록 만든다. 예를 들면, 슈퍼스타 마이클 조던(Michael Jordan)과 포드 스코티 피펜(Scottie Pippen) 속에 데니스 로드맨(Dennis Rodman) 같은 악동을 끼워 넣어 팀을 조화시켰다. 선수들 중 그 누구도 불평하지 않는다. 잭슨이 코치로서 자신의 역할을 훌륭하게 수행하고 있기 때문이다. 나는 잭슨의 최고 기량이 자아와 기술, 재능, 약점을 말없이 침착하게 조화시키는 능력에 있다고 생각한다. 물론 그것은 잭슨 자신이 아닌, 팀의 성취와 승리에 관한 것이다.

프로 코치의 역할은 기업에서 경영자의 역할과 유사하다.

- 그들의 재능을 발견하여 팀에 공헌하도록 이끌어야 한다.
- 그들의 재능을 혼합하여 팀의 장점과 약점 사이에 균형을 잡아야 한다.
- 그들은 자기 역할이 무엇인지 팀 구성원에게 말해야 한다.
- 그들은 팀이 높은 목표를 성취할 수 있도록 동기를 부여해야 한다.
- 그들에게 일진이 나쁘다는 말은 허용되지 않는다.
- 그들은 성적이 저조한 팀원을 탈락시켜야 한다.
- 그들은 오직 승리했을 때 그들의 직위를 유지할 수 있다.

이제 어째서 기업들이 종종 코치와 운동선수에게 강연을 부탁하는지 알 것이다. 스포츠는 비즈니스이다. 기업과 똑같은 문제와 기회를 갖고 있는 매우 시각적인 비즈니스이다.

현재 당신은 팀을 얼마나 잘 코치하고 있는가?

당신의 직원들을 최고로 보살펴라

　나는 이 교훈을, 사회생활 초기 내가 미국에서 일했던 대단히 성공적인 회사의 회장으로부터 배웠다. 회사에 처음 부임하던 날, 그는 10명의 최고 경영자를 모아놓고 미래에 대한 자신의 계획과 비전을 제시했다. 모임이 끝나고 그는 한 레스토랑으로 우리를 저녁식사에 초대했다. 그의 새로운 비서가 이미 예약을 마친 상태였다.

　레스토랑에 들어섰을 때 우리는 곧 인테리어가 형편없다는 사실을 알아차렸다. 나는 그가 '맙소사'라고 불평하는 소리를 들었다. 그에게 무슨 일이냐고 묻자, 그는 절대로 회사의 최고 경영자들을 허술한 레스토랑에서 식사하게 만들 수 없다며 단호하게 말했다. 그리고 "최고 직원들을 최고로 대우할 줄 알아야 한다"고 덧붙였다.

　그것은 비단 레스토랑만이 아니라, 당신이 하는 '모든 일'에 해당된다. 당신은 직원들을 최고로 각별히 보살펴야 한다. 그들은 실질적으로 회사를 떠받치고 이끌어나가는 사람들이다.
따라서 금덩이처럼 소중하게 생각할 필요가 있다.

'감사하다'는 말에 인색하지 마라

사람들은 자기들이 한 일에 대해서 '감사하다'는 말을 듣기 원한다. 나는 그 말이 때로는 그들이 받는 보수만큼이나 중요하다는 사실을 배웠다. 그것은 매우 간단하고 또 쉽게 할 수 있는 말이지만 대부분의 회사에서 자주 들을 수 없는 말이기도 하다.

'감사하다'는 표현은 다양한 방식으로 전달할 수 있다. 가장 솔직하고 진실한 표현은 누군가와 악수를 나누면서 그의 눈을 바라보고 진심으로 '감사하다'고 말하는 것이다. 이것은 분명 가장 큰 효과를 발휘한다. 개인적으로 많은 사람들을 향해 감사의 인사를 전하는 것 또한 효과적이다.

여전히 효과를 발휘하는 가장 고전적인 방법―특히 손아래의 경영자들에게 효과적으로 보이는―은 직접 감사의 편지를 쓰는 것이다. 간단하고 빠르며, 진심을 전달할 수 있다.

다수를 대상으로 이메일을 통해 감사의 말을 전하는 것은 오히려 역효과를 발휘한다. 그것은 피상적이고 진부한 방법이며, 당신은 상대방의 마음을 감동시킬 수 없다! 감사의 말을 전할 때는 이메일을 피하라.

'감사하다'는 말을 당신의 일상용어로 만들어라. 그것은 정말로 커다란 차이를 만든다.

음주 자리에서는 먼저 상대를 배려하라

직장 생활을 하다보면 상사나 동료와 함께 하는 술자리에 참석해야할 기회가 많이 생긴다. 술자리는 긴장된 회사의 분위기를 벗어나 스트레스도 해결하고 인간적으로 서로 친할 수 있는 자리이기도 하다. 당신이 회사에 갓 입사한 경우라면 상사와 함께 하는 술자리를 피하지 마라. 상사의 마음을 읽을 수 있는 좋은 기회이고 당신이 상사를 배려하고 있다는 것을 보일 수 있는 좋은 기회이기 때문이다.

사람은 술이 들어가면 기분이 풀어져 자기 속마음을 쉽게 노출하는 경우가 많다. 상사도 평소에 당신에게 가졌던 감정을 솔직하게 표현할 수도 있고, 당신도 당신의 속내를 은근히 상사에게 펼쳐 보일 수도 있다. 하지만 잊지 말아야 할 것은 술자리에서 있었던 상사의 프라이버시는 혼자만 알고 있어야 한다는 것이다. 함부로 이야기하지 마라.

절대로 동료들보다 먼저 술에 취하지 마라. 그렇다고 점잖을

빼라는 이야기는 아니다. 분위기에 맞춰 즐길 줄 알아야 한다. 노래를 하는 자리라면 노래도 할 줄 알고, 춤을 추는 자리라면 춤도 추어라. 함께 어울린다는 정신이 무엇보다도 중요하다. 평소에 노래 서너 곡과 한두 가지의 춤을 연습해 두어라. 잘 부르라는 것이 아니다. 분위기를 즐겁게 만들라는 말이다.

술자리에서도 언제나 상사의 마음을 헤아려라. 앞에서 말한 대로 상사를 존경하는 마음을 가졌다면 어느 자리에서든 그런 마음이 나올 것이다. 상사가 편하게 함께 어울릴 수 있도록 노력하라. 상사의 약점을 카버할 수 있는 직원이 되라. 만일 상사가 노래를 잘 못한다면 상사가 어색하지 않게 같이 할 수 있는 분위기를 만들어라.

술자리가 끝나면 모두들 상사의 뒤를 따라 나오거나 신발을 찾아주거나 하는데 당신은 한 발 먼저 나가 택시를 잡아라. 상사의 다음 행동이 무엇인지를 파악하는 사람이 상사의 눈에 들어온다.

밤늦게까지 술자리가 이어졌더라도 다음 날 출근은 절대로 늦지 마라. 평소보다 옷차림도 신경을 써라. 어제는 어제이고 오늘은 오늘이라는 것을 잊지 마라.

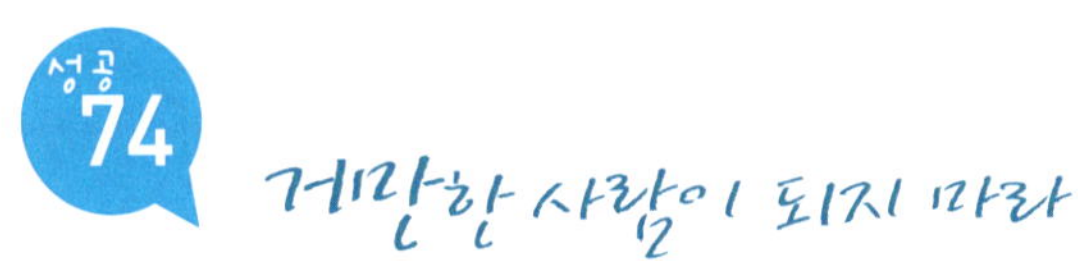

거만한 사람이 되지 마라

나의 어머니는 "건방지게 행동하지 마라"고 말씀하곤 하셨다.

만약 당신이 기업 행사에 참가하고 있다면 누군가가 요청하기 전에 도움을 주어라. 가령, 야유회가 열리고 있다면 햄버거를 나르거나 쓰레기를 주워라. 작은 행동이 눈에 띄게 마련이다.

나는 작년에 시드니에서 열렸던 전(全) 기업인들의 모임에서 이 원칙을 상기했다. 당시 나는 650명의 사람들 앞에서 우리 회사의 최근 성과에 대해 발표할 예정이었다. 나는 행사장을 둘러보기 위해 한 시간 일찍 도착했고, 사람들이 행사를 준비하며 정신없이 뛰어다니는 모습을 지켜보았다.

한 젊은 여성이 각 의자 위에 행사 일정표를 올려놓는 모습이 보였다. 나는 그녀가 들고 있던 일정표를 반으로 뚝 떼어내어 그 일을 대신해주었다. 나중에 그녀가 와서 내게 이렇게 말했다. "저는 CEO가 그런 일을 하는 걸 오늘 처음 봤어요." 약간 놀라기는 했지만, 나는 그 말을 듣고 상당히 기분이 좋았다. 그리고 나중에 그 말이 나에 대한 좋은 평판이 되어 회사 안에 퍼졌다는 걸 알게 되었다.

메시지는 간단한다. 거만한 사람이 되지 마라.

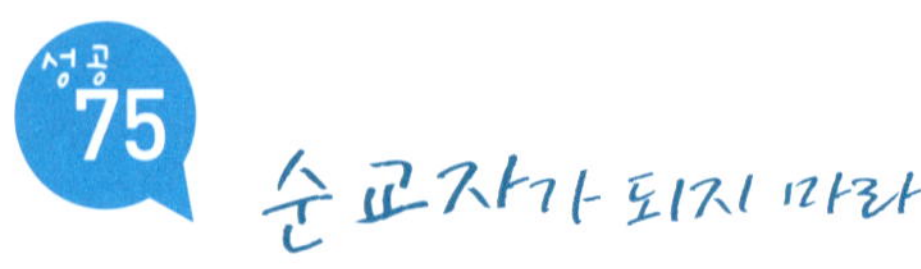

순교자가 되지 마라

내가 지금껏 몸담았던 모든 회사에는 적어도 한 명의 순교자가 있고, 대개 당신은 그를 매우 쉽게 알아볼 수 있다.

순교자는 언제나 믿을 수 없을 만큼 장시간 동안 일하며…… 그 사실을 다른 사람에게 알린다. 순교자는 언제나 주말에도 일하며…… 그 사실을 다른 사람에게 알린다. 순교자는 언제나 스스로 모든 문제를 해결하며…… 그 사실을 다른 사람에게 알린다. 순교자는 정말로 불편한 시간대에 비행기를 타며…… 그 사실을 다른 사람에게 알린다. 순교자는 가족과 거의 시간을 보내지 않으며…… 그 사실을 다른 사람에게 알린다.

순교자가 되지 마라.

세대별로 차이점을 이해하라

이 세상은 많은 종류의 다른 사람들로 구성되어 있다. 큰 부류를 형성하는 어떤 특징이나 특색을 이해하는 것은 팀이나 회사를 운영할 때 커다란 도움이 될 수 있다.

최근 사람들을 다양하게 분류하고 그들의 특징을 기술하는 책들이 많이 발표되었다. 내가 경험한 바에 의하면 크게 세 가지 부류로 나뉘는데, 베이비붐 세대·X세대·Y세대가 바로 그것이다.

베이비붐 세대는 제2차 세계대전 말에서 1960년대 중반까지 태어난 대부분의 사람들을 지칭하며, 오늘날 전 세계 인구의 커다란 부분을 차지하고 있다. 베이비붐 세대는 고용주가 꿈이다. 그들은 일하는 것을 매우 좋아한다. 그들은 기꺼이 오랜 기간 동안 열심히 일하고, 대부분 적당한 나이에 편안하게 퇴직하길 희망한다. 베이비붐 세대는 가족 지향적이고 자신과 가족을 위한 교육에 확고한 믿음을 갖고 있다. 그들은 자신감에 차 있고 미래에 초점을 맞추지만, 미래에 대해 (정신적으로 유익한) 두려움을 느끼기도 한다.

당신은 이 사실에서 무엇을 배울 수 있는가? 배울 수 있는 건 많다. 적절하게 동기를 부여받는다면 베이비붐 세대는 계속해서 장기간 열심히 일할 것이다. 베이비붐 세대는 퇴직을 대비해서 재빨리 많은 돈을 저축하고 싶어 하기 때문에 인센티브 제도가 상당히 효과적이다. 베이비붐 세대는 사업이 어려운 고비에 처했을 때 가장 먼저 동요하는데, X와 Y세대보다 나이가 많아서 직장을 잃는 것에 대해 더 큰 두려움을 느끼기 때문이다. 나는 베이비붐 세대를 고용의 주요 대상이 되는, 즉 실질적인 노동 인구로 보고 있다.

X세대는 1960년대 중반에서 1980년대 이른 초반까지 태어난 사람들을 지칭하며, 현재 노동 인구에서 점차 큰 부분을 차지하고 있다. X세대는 흥미로우며, 베이비붐 세대와는 정말로 상당한 차이점을 보인다. X세대는 테크놀로지와 실험을 매우 좋아한다. 그들은 스스로를 과신하며 오늘을 위해 산다. 그리고 상당히 많은 보수를 기대하기 때문에 더 많은 돈을 벌 수 있는 일이라면 기꺼이 선택할 것이다. X세대는 편할 뿐만 아니라 재미있고 흥미로운 일을 기대한다. 그러나 특별한 인센티브가 주어진다고 하더라도 엄청나게 많은 시간 동안 기꺼이 일하려

고 하지는 않을 것이다.

분명 X세대는 베이비붐 세대를 뒤이어 가장 커다란 노동 인구로 성장하겠지만, 이것은 많은 기업에게 위험을 경고한다. 왜냐하면 X세대는 베이비붐 세대처럼 많은 시간 동안 일하려고 하지 않을 것이며, 해고에 대해서 베이비붐 세대만큼 두려움을 느끼거나 쉽게 동요하지 않는다. 그들은 여가 시간을 대단히 소중하게 생각하며, 근무시간과 여가시간을 잘 조화시키는 면에서 베이비붐 세대보다 더 건강한 라이프스타일을 갖고 있다고 말할 수 있다. 그러나 고용주의 입장에서 보면 못마땅한 특징이다. 앞서 언급했던 것처럼, 일에는 시간을 투자하는 것이 중요하다(성공의 원칙 4 참조).

1980년대 초반 이후에 태어난 Y세대는 상당히 풍족한 환경에서 성장했다. Y세대는 이전 세대들보다 글로벌하게 사고하는 경향이 있으며, 집에서 멀리 떨어진 곳까지 여행하는 것을 매우 좋아한다. Y세대는 TV, 라디오, 인터넷, 책, 잡지, 신문을 통해 열심히 정보를 캐낸다. 대부분 상당히 높은 교육을 받았거나 받게 될 것이다. Y세대는 아마도 테크놀로지의 귀재가 되고, X세대처럼 커다란 보수를 기대할 것이다. Y세대가 장차 노동 인구로서 얼마나 오래, 그리고 열심히 일하게 될지는 아직 미지수이다.

나는 Y세대가 해외 업무를 갈망하기는 하지만, 그런 프로젝트에 대해 상당히 빨리 흥미를 잃을 것으로 예상한다. 따라서 그들을 계속 활동적으로 움직이게 하고, 흥미를 불러일으키기 위해 빈번한 로테이션 근무가 필요할 것이다. 또한 Y세대는 많은 돈을 갈구하는 만큼 그 돈을 재빨리 소비할 것으로 예상된다. 나는 Y세대의 노동 윤리에 대해 더 많은 것을 알고 싶다. 그와 같은 과도한 소비 습관을 유지하려면 아마도 높은 노동 윤리가 요구될 것으로 사료된다.

이런 세 부류의 세대에 대해 두려움을 느낄 이유는 아무것도 없다. 중요한 것은 개인은 물론, 세대간의 차이점을 인식하고 그들의 필요와 욕구를 이해하는 일이다. 직원들과 그들의 차이점을 더 많이 이해할수록 당신은 더 효과적으로 그들에게 동기를 부여할 수 있을 것이다.

지적(知的)인 위험을 무릅써라

모든 회사는 큰 실패를 싫어한다. 그러나 모든 회사는 실패를 두려워하지 않는 경영자를 좋아한다.

회사 내에서 위험을 무릅쓴다는 것은 지적(知的)인 내기를 거는 것과 마찬가지이다. 요령은 절대 사람들의 시선을 집중시키거나 공개적인 실패를 하지 않는 것이다. 하나의 훌륭한 아이디어를 위해 수백 가지의 실패가 요구된다. 대부분의 회사는 그 한 가지 훌륭한 해결책이 99가지 실패보다 가치가 있음을 깨닫는다. 그 아이디어가 훌륭하고, 그 계획이 철저하며, 경영진이 현실을 제대로 직시하고 있고, 그 실패가 대재앙이 아니라고 한다면 당신의 경력이 무너질 위험은 거의 없다.

위험과 실패는 용인된다. 그리고 때로는 회사 내에서 보상받기도 한다. 가능하다면 언제든 새로운 가능성에 도전하라. 단 하나의 매우 뛰어난 아이디어가 많고 많은 실패를 충분히 보상하고도 남을 것이다.

올바로 고용하고, 해고는 빨리하라

당신이 고용한 사람은 당신의 경력을 높이거나, 아니면 무너뜨린다. 그들은 조직에서 혈액과 같은 존재이다. 새로운 것을 창출하고 발전시키며, 고객을 만나 계약을 성사시키고, 때로는 당신을 미치게 만들기도 한다. 최고의 사람을 찾아내고 고용하기 위해 시간을 투자하라.

후보자나 지원자의 이력서를 실제로 꼼꼼하게 검토하는 것부터 시작하라. 그들이 무슨 일을 해왔는가? 얼마나 자주 승진했는가? 이 회사, 저 회사를 옮겨 다니는 떠돌이는 아닌가? 당신이 필요로 하는 능력과 기량이 그들에게 있는 것처럼 보이는가? 그들의 최대 관심사는 무엇인가? 인터뷰에서 질문할 것들을 미리 준비하고, 반드시 당신이 원하는 '모든' 대답을 들을 수 있도록 인터뷰를 이끌어라. 그리고 신원을 확실하게 체크하라. 어떤 사실을 알게 될지 당신은 전혀 알지 못한다.

해고를 '빨리' 한다는 것은 어려울 수 있다. 도둑질이나 사기와 같이 정말로 어리석은 잘못을 저지른 사람이라면 대개 재빨리 해고할 수 있다. 그러나 단지 성과가 미미하다는 이유로 누군가를 회사에서 내보내는 일은 생각만큼 쉽지 않다. 해고하기 전에 서면으로 경고를 주고 목표치를 제시하기도 하는데, 이것은 몇 달이 걸릴 수도 있다. 만약에 그가 계속해서 부진한 성과를 보인다면 가능한 빨리 해고시킬 수 있도록 필요한 조치를 취해야 한다.

방해꾼을 없애라

  방해꾼이란 당신의 조직에서 지나치게 오랫동안 한 자리를 점령하고 앉아 부하직원들의 앞길을 가로막는 사람이다. 그는 자신의 역할을 만족스런 수준으로 수행하고 있을지도 모르지만, 더 멀리 나아가고자 하는 욕구나 어떤 잠재력도 지니고 있지 않다. 게다가 자발적으로 그 자리를 떠날 의사가 전혀 없는 것처럼 보인다.

  훌륭한 조직은 측면으로 이동시키거나 완전히 조직 밖으로 밀어냄으로써 방해꾼을 제거한다. 방해꾼은 조직을 질식사시키고, 그 본질적인 활동―지속적인 성장과 발전―을 중단시킨다. 가능한 방해꾼을 일찍 발견해서 주의 깊게 다뤄야 한다.

  방해꾼은 종종 합리적으로 일을 잘 수행하기 때문에 다루기가 까다롭다. 그러나 절대 그대로 방치해서는 안 된다.

  아이러니하게도 '방해꾼'이라는 개념이 회사에 소개되고 문화의 한 부분이 되었을 때 방해꾼은 스스로 자진해서 대책을 제시한다. 사람들은 대개 그들이 어떤 역할을 3~4년 이상 해왔고 이유가 무엇이든 승진하지 못하고 있거나 혹은 단순히 다음 단계의 일을 원하지 않고 있을 때 스스로를 방해꾼이라고 생각한다.

물론 당신은 방해꾼에게 다른 지위를 찾아줄 수 있고, 또 여전히 그에게서 어떤 가치를 발견한다. 그러나 때로는 방해꾼의 짐을 싸서 그를 회사 밖으로 내보내야 한다. 이것은 결코 말처럼 쉽지 않다. 그러나 반드시 필요한 일이다.

방해꾼을 제대로 다뤄라. 그리고 조직에서 내보내라.

후임자 계획을 세워라

후임자 계획은 미래를 준비하는 것으로, A라는 직원이 새로운 직장을 찾아 갑자기 떠나는 경우를 대비해서 B라는 직원을 미리 준비시켜놓는 것을 말한다.

좋은 후임자 계획은 당신에게 선택권이 있다는 걸 뜻한다. 나쁜 후임자 계획은 당신에게 '대체 인원'이 한 명도 없다는 걸 뜻한다. 어려운 시기에 당신의 선택은 제한되고, 당신이 허둥대며 뛰어다니는 동안 회사는 비틀거리게 될 것이다. 이것은 곧 생산성의 하락과 낮은 성과로 이어지고 당신은 허술한 계획자로 분류된다.

훌륭한 회사와 경영자는 일년에 두 번, 중요한 경영간부직에 대해 후임자 계획을 검토한다. 이런 검토 과정은 중요하지만 그 과정을 너무 복잡하게 만들지 마라. 중요한 직위 목록을 하나하나 살펴보고, 그 자리가 공석이 되었을 경우 누구로 채울 것인지 결정하라. 명백한 후임자가 없는 직위에 초점을 맞

취라. 그것은 당신이 즉시 대처해야만 하는 취약점이다. 약점을 없애라! 새로운 재능의 소유자를 고용하라. 해외에서 누군가를 데려오고, 다른 부서에서 누군가를 이동시켜라. 모든 중요한 직위에 대해 반드시 실행가능한 대비책을 마련하고 있어야 한다.

아직도 이런 계획을 세우지 않고 있다면 지금 당장 착수하라. 동료들과 토론하여 후임자를 물색하고 '준비' 시켜라. 그 과정은 많은 것을 가르쳐줄 수 있다.

절대 화려한 플레이를 선보이지 마라

화려한 플레이어란 어떤 주제나 문제를 실제보다 더 과장해서 (종종 다른 사람에게 손해를 끼쳐가면서) 항상 개인적인 이득을 취하는 사람이다.

당신은 대개 대부분의 회사에서 화려한 플레이만을 선보일 수도 있다. 그런 후에는 이기적인 허풍선이로 낙인찍히게 될 것이다. 어떤 일에 열성적인 것과 화려한 플레이를 선보이는 것은 분명한 차이가 있다. 열성적인 사람들은 진정으로 어떤 것을 믿고 순수한 의도로 다른 사람을 이기려고 애쓴다. 화려한 플레이어들은 단순히 다른 사람을 이용해서 앞서 나가려고 시도한다.

나는 내 앞에서 화려한 플레이를 선보이며 새로운 상품을 출시하는 일이 얼마나 훌륭한 것인지에 대해 프레젠테이션을 했던 한 매니저를 기억하고 있다. 나는 그가 입에 침이 마르도록 성공이라는 단어를 내뱉는 동안 조용히 자리에 앉아 있었다.

만약 내가 숫자에 밝지 못했더라면(성공의 원칙 28 참조) 나는 그를 천재라고 믿어버렸을 것이다. 그가 프레젠테이션을 끝냈을 때 나는 그에게 간단한 질문 하나를 던졌다. "내가 멍청한 건가? 아니면 우리가 정말로 이 보잘것없는 상품을 팔거란 뜻인가?" 그는 어찌할 바를 모르는 표정을 지어보였고, 이후 회사에 오래 머물지 못했다.

화려한 플레이를 선보이는 것은 지지자들을 잃고 경기장 밖으로 쫓겨나가는 가장 빠른 지름길이다. 절대 그런 행동을 보이지 마라.

변죽을 울리지 말고 사실을 말하라

회사에는 변죽의 명수들이 이곳저곳에 포진해 있다. 변죽의 명수들은 정확히 거짓말을 하지는 않지만 그렇다고 정확히 사실을 말하지도 않는다. 변죽의 명수들을 찾아내는 일은 상당히 쉽다. 그들은 맨 앞에서 형편없는 결과나 큰 실수에 대해 장황한 설명을 늘어놓는 사람들이다. 그들은 자기가 실패했다는 사실로부터 사람들의 시선을 딴 데로 돌리기 위해 '경험의 학습', '팀원들의 대단한 노력', '시장의 변화' 같은 말들을 사용할 것이다.

나는 언제나 변명과 핑계를 매우 싫어한다. 그리고 나의 팀에 속한 매니저들은 그렇게 해봤자 아무 소용이 없다는 것을 누구보다 잘 알고 있다. 나는 장시간에 걸쳐 무엇을 했어야 하는지에 관해 쓸데없는 소리를 듣기보다, 오히려 곧바로 사실을 전해 듣고 대책을 강구한다. 변죽을 울리는 것은 더 나은 결과를 낳지 않는다. 사실을 알고 열심히 일하는 것, 이 두 가지만 있을 뿐이다.

'펩시'의 전 경영자였던 모리 페이지(Maury Pages)는 내가 알고 있는 한, 변죽의 명수들을 입 다물게 하는 최고의 인물이다. 한번은 최고 재무 책임자가 프레젠테이션을 하고 있을 때 페이지가 그에게 다음 주제로 넘어가라고 요구하는 장면을 목격한 적이 있었다. CEO가 다음 주제로 넘어가지 않자, 페이지는 자리에서 벌떡 일어나 CEO의 차트를 찢어버렸다. 상당히 분명한 메시지의 전달이었다. 페이지는 또한 변죽의 명수들을 향해 "당신에게 몇 시냐고 물었지, 시계를 어떻게 만드느냐고 묻지 않았다"라고 말하는 것으로도 유명했다.

페이지와 같은 베테랑 경영자는 변죽의 명수들을 단번에 감지할 수 있다. 당신은 어려운 상황을 숨김으로써 점수를 얻지 못한다. 그러니 일부러 애쓰지 마라. 당신의 조직이 문제를 효과적으로 해결할 수 있도록 사실을 말하라.

실수를 인정하라

대부분의 회사에서 실수를 무마시키는 가장 빠른 방법은 책임을 지는 것이다. 고개를 높이 들고 실수를 인정하라. 당신은 강하고 자신감 넘치는 사람으로 보일 것이다. 또한 팀을 지향하는 사람으로 인식될 것이다. 대체로 그런 실수나 실패는 사람들에게 오래 기억되지 않는다. 누군가 자신의 실수를 인정했을 때 그 실수를 계속 언급할 이유는 아무것도 없다. 누군가 자신이 실패했음을 시인했을 때 그 사람을 비난하기란 어려운 일이다.

나는 지금까지 딱 한번 커다란 실수를 저지른 적이 있다. 내가 이끌던 팀이 '에이씨닐슨'의 가장 큰 고객을 경쟁사에게 빼앗겨버린 일이었다. 나는 사장실로 전화를 걸어 나의 잘못을 고백했고 사임의 뜻을 밝혔다. 그가 큰 소리로 웃으며 이렇게 말했다. "그건 말도 안 되네." 그는 회사가 그동안 나를 교육하기 위해 수백만 달러를 투자해왔다고 말했다. 그런 투자를 받은 사람은 절대로 회사를 떠날 수 없다.

이후 그런 일은 두 번 다시 일어나지 않았고, 나를 비난하는 동료 또한 단 한 명도 없었다. 이미 사장이 용서한 사람을 겨냥하는 것은 현명한 처사가 아니다.

실수를 인정하라. 그리고 당신의 팀에게 그런 실수나 실패가 게임의 한 부분임을 이해하도록 만들라.

절대 똑같은 실수를 두 번 반복하지 마라

성공의 원칙 83에 의하면, 대개 조직은 당신이 실수를 저지르고 그것은 인정했을 때 상당히 너그럽게 용서한다. 그러나 절대 똑같은 실수를 두 번 반복하지 않도록 매우 주의해야 한다. 똑같은 실수를 두 번 반복하는 사람은 정말로 우둔해보이며, 상사는 앞으로 언제든 발생할 수 있는 세 번째 실수에 대해 걱정하기 시작한다.

새로운 일을 시도하고, 때때로 실패를 경험하는 것은 삶의 한 부분이므로 용인될 수 있다. 그러나 항상 과거의 실패를 경험삼아, 특히 성공할 가능성이 높지 않다고 느낄 때 더욱 신중히 일을 계획하고 진행시켜나가라.

직감을 믿어라

이따금씩 당신은 누군가로부터 어떤 말을 들었을 때 그 말이 옳지 않다고 느끼는 경우가 있을 것이다.

나는 이런 순간이 오면 언제나 직감에 의지해서 '이곳을 파라'는 말뚝을 세워놓고는, 진실을 알아내기 위해 더 많은 조사를 시작한다. 이런 일은 당신이 회사를 운영하고 있을 때 상당히 빈번하게 발생한다. 이런 일을 경험했던 가장 기억에 남는 사건은 내가 캐나다에서 일하고 있을 때 일어났다.

한 매니저가 엄청난 비용을 필요로 하는 기획안을 가지고 나를 찾아왔다. 그의 프레젠테이션은 훌륭하고 거의 완벽했다. 그런데 이것은 그 매니저에게 상당히 이례적인 행동이었다. 왜냐하면 그는 대개 짧고 간단하게 프레젠테이션을 끝내곤 했다. 그래서 나는 '이곳을 파라'는 말뚝을 세워놓고 조사를 시작했다. 빙고! 나는 하루 동안 좀더 깊이 파내려갔고 그가 제안한 비용이 그가 말한 프로젝트는 물론이고, 내가 이전에 퇴짜를 놓

있던 다른 많은 프로젝트를 원용한 거라는 사실을 알아냈다. 나는 그의 기획안을 완전히 거부했다. 나의 직감이 맞았던 것이다. 나는 '이곳을 파라'는 말뚝을 매우 좋아한다.

당신의 호주머니 속에 '이곳을 파라'는 상상의 말뚝을 항상 지니고 다녀라. 당신의 직감을 믿고 진실에 도달할 때까지 삽으로 파내라.

다른 직원을 중상(中傷)하는 메모를 남기지 마라

당신이 원하는 만큼 화를 내고 소리를 질러라. 단 절대로 다른 직원을 중상하는 메모를 남겨서는 안 된다. 이런 일은 누군가 당신을 폭발 직전까지 화나게 만들고, 당신이 그에게 보복하기를 원할 때 (때로는 너무도 빈번히) 일어나게 된다.

참고, 참고, 또 참아라.

우리는 이메일 시대에 살고 있고, 남을 중상하는 메모가 널리 유포되는 건 한순간이다. 당신의 주장이 옳을지도 모르지만 당신은 자제력을 잃고, 심지어 적의나 앙심을 품은 사람으로 비춰질 것이다. 흥분을 가라앉히고 냉정을 되찾아라.

이 세상이 실제로 얼마나 좁은지 절대로 잊어서는 안 된다. 오늘 당신이 중상한 사람은 앞으로 수년간 당신을 괴롭힐지도 모른다. 평생의 적을 만들지 말고 전투에서 승리하라.

상대를 알라

　당신의 상대를 연구하라. 이것은 과거의 위대한 장군들이 실천에 옮겼던 교훈이다. 당신과 경쟁하는 상대가 개인이든 회사이든, 그들의 움직임을 주시하고 그들의 습관을 배워라. 또한 그들이 생각하는 방식으로 생각하려고 노력하라. 그들의 움직임을 예측하고 그들보다 먼저 그곳에 도착하라.

　절대 상대를 외모로 판단하거나 과소평가하지 마라. 세상은 그들의 상대를 멋지게 속이는 사람들로 가득하다. 여전히 다윗이 골리앗을 죽일 수 있다.

　상대를 연구할 필요가 있을 때는 한 개인이나 집단을 ('임무'를 띠워) 파견하라. 그들로 하여금 그들 자신의 네트워크를 사용하여 더 많은 사실을 알아내도록 만들어라. 예를 들면, 전(前) 직원이나 고객들을 만나 이야기를 나누게 함으로써 중요한 정보를 얻을 수 있다. 한 걸음 더 나아가, 임무를 맡은 개인이나 집단이 당신의 상대가 무엇을 생각하고 있으며 또 무엇을 고려

할 것인지에 대해 추측하도록 만들라. 이

것 역시 과거의 위대한 장군들이 사용했던 방법―적의 움직임

을 예측한 다음 목표 지점에서 정확히 공격하는―이다. 많은 책

들이 군대를 비즈니스 세계와 비교하고 있다. 나 역시 상당 부

분 유사점이 있다고 생각한다. 명장(名將)이 되라!

상대방을 우호적으로 만들어라

적절한 방식을 취하기만 한다면 회사 내에서 반대를 표시하고 당신의 의견을 말하는 일은 언제나 좋다.

나의 친구 빌 모스(Bill Moss)—현재 오스트레일리아 '맥콰리 뱅크'의 뱅킹 앤 프로퍼티 그룹 총재로 있는—는 어떤 모임에서든 상대방과 다른 관점을 이해시키는 좋은 표현 하나를 가르쳐 주었다. 모스는 상대방과 의견이 다르다는 것을 말하고 싶을 때마다 언제나 이렇게 묻는다. "제가 그 의견에 한마디 덧붙여도 되겠습니까?" 그것은 내가 들어본 말 중에서 상대방을 우호적으로 만드는 가장 효과적인 표현이다.

물론 그가 듣게 되는 대답은 언제나 "물론입니다"이며, 이것은 전혀 위협적이지 않은 방식으로 당신과 상대방의 의견 차이를 조율할 수 있도록 돕는다.

나는 그 말을 대단히 좋아하며, 언제나 즐겨 사용하고 있다. 당신도 그래야 한다.

기업 내의 정치 문화를 인정하라

　사무실 정치는 기업 내에 엄연히 존재하는 사실이다. 당신이 일하는 회사가 클수록 정치가 더욱 복잡하고 맹렬하다. 사무실이라는 장소에서 모든 사람은 앞서 나가고 이익을 얻으려고 애쓴다. 모든 사람은 자신만의 전략을 갖고 있다. 이것이 정치를 만들어내는 원인이다. 어떤 이들은 부정(不正)한 행위를 서슴지 않는다.

　현실적으로, 대부분의 대기업에는 대략 10~15명 정도의 사람들을 주의할 필요가 있다고 예상할 수 있다. 이들은 대개 당신보다 지위가 높다. 또한 당신과 같은 지위에 있는 몇몇 사람들을 조심해야 하며, 심지어는 당신보다 지위가 낮지만 '커다란 영향력'을 미치고 있는 부하직원들을 주의 깊게 살펴야 한다. 고위 경영자는 이들의 모든 말에 귀를 기울이는데, 그들의 의견이 실제로 중요하기 때문이다. 이들의 마음에 들도록 행동하거나 또는 적어도 중립적인 관계를 유지해야 한다.

나는 몇 년 전에 한 지원자를 면접했던 일을 기억하고 있다. 그는 내게 자신이 기업 내의 정치 문화를 대단히 싫어하며, 그런 게임을 단호히 '거부' 하겠다고 말했다. 나는 그 한마디 때문에 그를 고용하지 않았다. 기업에도 정치는 명백히 존재한다. 따라서 당신은 현실을 외면한 채 정치가 존재하지 않는 것처럼 행동할 수 없다. 누가 정치를 하고 있는지, 또 그들을 효과적으로 다루는 방법에 대해 개인적인 전략을 세워라.

일 중독자는 성공하지 못한다

일 중독자는 훌륭한 리더가 되지 못한다. 일 중독자는 모든 사람이 자신처럼 행동하기를 바라며 대개 자신과 똑같은 사람만을 고용한다. 일 중독자는 단기간에 성과를 올린다. 아마도 당연한 결과일 것이다. 일 중독자는 엄청난 시간 동안 맹렬히 일하고, 말 그대로 직원들을 혹사시켜 녹초로 만든다. 이런 유형의 행동은 오랫동안 지지받지 못한다. 일 중독자는 모든 에너지를 소진시키고 가장 최악의 상사가 된다.

수년 전 나는 일 중독자 밑에서 일한 적이 있다. 우리는 주말마다 회의를 열었고, 한밤중에 전화로 통화했으며, 아침과 저녁을 먹을 때도 일에 대해 이야기했다. 직원들 중 그 누구도 일말의 만족이나 흥미를 느끼지 못했다. 6개월이 지나자 생산성이 급격히 떨어졌다. 남아있던 직원들은 몹시 위태로운 상태였다. 경영진은 사태의 심각성을 깨닫고 그를 해고했다.

회사를 떠나기 바로 직전, 그가 나를 사무실로 불러 내가 자신을 지지했는지에 대해 물었다. 나는 진실을 말했다. 나는 고개를 저으며 그의 경영 스타일이 비생산적이며 비효율적이라고 말했다. 이후 나는 한번도 그를 만나지 못했고, 그는 내게 크리스마스카드를 보내지 않는다. 하지만 그도 언젠가 진실을 인정하게 될 것이다.

진정으로 성공하기 위해서는 균형과 행복이 필요하다. 당신의 가족과 친구들은 이 두 가지를 모두 제공할 수 있다. 그들과 함께 시간을 보내라. 그들을 최우선으로 생각하라. 그들과 함께 있을 때는 일을 잊어라. 절대로 일을 가족이 하도록 만들지 마라. 가족을 당신 일의 한 부분이 되도록 하라.

집을 사무실로 만들지 마라

나는 최근 코네티커트주에 집을 장만하려고 돌아다닌 적이 있었다. 수십 채의 집을 둘러보면서 나는 거의 모든 집이 사무실로 사용되었다는 사실을 알고 깜짝 놀랐다. 나는 집을 사무실로 사용한다는 생각조차 대단히 싫어한다.

물론 당신이 사무실이 아닌 집에서만 일하는 사람이라면 이 원칙을 무시해도 되지만, 만약 사무실로 출퇴근하는 사람이라면 일은 반드시 사무실에서 끝내야 한다. 일을 집으로 가져오게 되면 당신은 절대로 일을 그만두지 못하고 일과 가정의 경계선을 무너뜨리고 만다.

내 주위에는 집을 사무실로 사용하길 좋아하는 친구들이 많이 있는데, 심지어 그것을 자랑하기까지 한다.

과연 그들이 집에서 얼마나 많은 일을 하는지는 모르겠지만, 분명한 것은 그들이 일에 대해 이야기하며 많은 시간을 보낸다는 사실이다.

집을 사무실로 만들어서는 안 된다. 집과 사무실이라는 단어를 붙여보라('집사무실'). 얼마나 이상하게 들리는가?

자주 웃고 많이 사랑하라.
지혜있는 사람을 존경하고 **아이들**을 사랑하라.
정직한 비판을 받아들이고 배신하는 거짓 친구를 멀리하라.
아름다움에 감사하고 다른 사람들 속에서 가장 **좋은** 것을 찾아라.
보답을 바라지 말고 **자신**을 주어라.
건전한 어린이나, 영혼의 구원이나, **사회 조건**을 회복하기 위해
일을 **성취**하라.

– 작자미상

주말에는 쉬어라

  '항상' 일만 한다면 당신은 임무를 잘 수행하지 못하게 될 것이다. 생기(生氣)를 유지하는 일이 중요하다. 평일에 열심히 일하고, 주말에는 가급적 일을 하지 않도록 노력하라. 당신은 이틀 동안 휴식을 취하면서 시간을 재미있게 보낼 필요가 있다. 휴식을 취하면서 일을 할 때 당신의 생산성은 더욱 높아질 것이다.

  주말에 쉬는 일은 말처럼 쉽지 않다. 오히려 쉬는 날에 한두 가지 업무를 하면서 보내기가 더욱 쉽기 때문이다. 나는 항상 동료들에게 주말에는 이메일이나 음성메일을 확인하지 않는다고 말해둔다. 그러면 그들은 곧 내 말뜻을 알아듣는다.

  그러나 당신은 신중할 필요가 있다. 때로는 긴급한 상황이 발생하여 일을 해야만 할 때가 생기기 때문이다. 바꿔 말해서, 아주 드문 경우를 제외하고 주말에는 일을 하지 않는 것을 원칙으로 세우라는 뜻이다. 당신의 몸과 두뇌는 실전에서 잘 싸우기 위해 휴식을 필요로 한다.

주말은 가족·친구들과 함께 보내는 시간이어야 한다. 균형을 유지하라. 균형, 균형이 중요하다!

스트레스를 날려버려라

스트레스는 싫어하는 일을 할 때 발생하는 것으로 알려져 있고, 나는 그것이 사실이라고 생각한다. 또한 나는 해야 할 것으로 기대되는 일의 양에서도 스트레스가 발생한다고 생각한다. 오늘날 대부분의 직장에서 모든 사람들은 저마다 해야 할 일이 가득하다. 그리고 앞서 언급했던 것처럼 그 일을 제대로 하지 않으면 당신은 해고당하고 만다. 게다가 배우자나 가족으로부터 압력을 받았을 때도 스트레스를 느낀다고 말한다. 우울하기는 하지만 분명한 사실이고, 좀처럼 변할 것 같지도 않다. 따라서 인생의 모든 문제들처럼 스트레스를 정면으로 응시하고 현명하게 다스려야 한다.

다음은 스트레스를 느낄 때 내가 하는 몇 가지 일들이다. 아마 당신에게도 도움이 될 것이다.

■ 5분 동안 산책한다. 하다못해 사무실 주위라도 걷는다. 간

단하지만 정말로 효과가 있다.

■ 스트레스란 대개 갑자기 폭발한다는 사실을 상기하고, 상황이 나아질 거라고 생각한다.

■ 나를 괴롭히고 있는 상황을 '스위스 치즈'처럼 만든다. 즉 한번에 모든 문제를 공격하는 대신, 그 안에 구멍을 뚫고 한번에 하나씩 문제의 한 부분을 해결한다.

■ 나에게 스트레스를 일으키고 있는 것들을 모두 종이 위에 적는다. 종이 위에 옮겨놓고 보면 때때로 그다지 심각하게 느껴지지 않는다.

■ 미소를 짓는다. (미소는 언제나 사람을 기분 좋게 만든다.)

■ 코미디 클럽을 방문한다. (스트레스를 날려버리는데 커다란 웃음만큼 효과적인 것도 없다.)

당신은 스스로에게 정직할 필요가 있다. 만약 일 때문에 계속해서 스트레스를 받고 있다면 과연 그것이 당신에게 맞는 일인지 자문해보라. 모든 사람은 자신이 즐기는 일을 해야 한다. 정말로 당신이 즐길 수 있는 일을 하라(이런 점에서 볼 때 골프는 내게 예외에 해당한다). 매일 고통 속에서 보내기에는 인생이 너무나도 짧다.

나는 대기업에서 오직 스트레스 때문에 최고 경영자의 자리를 포기하고 말았던 몇몇 친구들을 지켜보았다. 한 친구는 스트레스가 사생활에도 영향을 미쳐 아내와 아이들을 떠나보냈다. 그는 너무 늦게 깨달았다. 또 다른 친구는 제때 깨닫고 문제를 잘 해결했다. 이제 두 친구 모두 편안한 환경에서 행복하게 일하며 살고 있다. 동그란 구멍에 네모난 쐐기는 맞지 않는다는 말이 있다. 만약 그 일이 당신에게 맞지 않는다면 영원히 맞지 않는다.

수면 부족은 당신의 적이다

피곤한 사람은 기업이라는 경기(競技)에서 오래 뛰지 못한다. 사실, 피곤한 사람은 어떤 경기에서든 오래 뛰지 못한다. 그 이유는 간단하다. 피곤하면 신체가 갖고 있는 에너지의 최대치를 발산하지 못한다. 따라서 당신의 행동은 평소보다 느리고, 생각은 흐려지며, 집중력이 떨어지고, 쉽게 화를 낸다. 피곤한 상태로 일을 할 때 당신은 엄청나게 어리석은 결정을 내리게 된다.

그 무엇도 적절한 수면시간을 대신할 수 없다. 물론, 때로는 어쩔 수 없는 경우도 발생한다.

예를 들어, 야간 비행기를 탄다거나 고객과 늦은 저녁 식사를 할 수도 있고, 다음날 있을 중요한 회의를 준비하기 위해 사무실에서 밤을 샐 수도 있다. 단 그런 일이 일상이 되어서는 안 된다. 수면을 최우선으로 생각하라.

사람들은 저마다 신체가 필요로 하는 수면시간이 다르다. 나의 최적 수면시간은 평일에 7시간 30분, 주말에는 8시간 30분이다. 이 수면시간을 충족시키면 최고의 업무 기량을 발휘하고, 물론 그렇지 못했을 때에는 어려움을 감수해야 한다. 중요한 것은 내가 최적 수면 시간을 알고 있고, 그 시간을 충족시키기 위해 스스로를 훈련시킨다는 점이다.

운동선수는 누구보다 수면의 중요성에 대해 잘 알고 있다. 나는 친구 셰인 힐(Shane Heal)에게 수면시간이 얼마나 필요한지 물었다. 힐은 오스트레일리아 올림픽 대표팀, NBA, NBL에서 활약해온 프로 농구선수이다. 그는 시즌이 열리는 동안 하루에 10~11시간의 수면이 필요하다고 말했다! 최상의 컨디션을 유지하기 위해 정말로 그렇게 많은 수면이 필요한 것이다. 힐은 항상 승리하기를 원한다. 분명 그는 자신에게 필요한 수면시간을 충족시키기 위해 스스로를 훈련시켰을 것이다. 당신 역시 그렇게 해야 한다.

수면 부족은 당신의 적이다. 그것은 죄인을 괴롭히는 방법으로 사용되기도 했고 그 결과는 매우 성공적이었다. 수면 부족은 당신의 경력을 망칠 수 있다. 전문가를 찾아 당신의 신체가 필요로 하는 수면시간을 알아내라.

근심거리는 문 밖에 버려라

　아침에 사무실에 들어설 때 당신의 근심거리를 문 밖에 버려라. 당신은 일을 하기 위해 그곳에 있고, 따라서 집중할 필요가 있다. 만약 휴가가 필요하다면 휴가를 얻어라. 어수선하고 언짢은 기분으로 사무실에 나타나는 것보다 2~3일 쉬는 편이 더 낫다. 근심거리를 안고 회사에 출근하면 실수만 하게 될 것이다. 그리고 단지 개인적으로 당신에게 안 좋은 일이 있다는 이유만으로 실수가 묵과되지 않는다.

　그리고 당신의 동료에 대해 안이하게 생각하지 마라. 누군가 자신의 이익을 위해 당신의 상황을 이용하게 될 것이다. 그들은 당신을 정신적으로 엉망이고 자제력을 잃어버린 사람으로 묘사할 것이다.

　100퍼센트 완전하지 않다면 집에 있어라. 경기장에 나가서 부진한 성적을 내는 것보다 경기장 밖에 있는 편이 더 낫다.

회식자리에 꼭 참석하라

동료들과 격의 없이 어울리는 일은 사회생활에 동기를 부여할 수 있고, 당신이 훨씬 더 자유롭고 솔직한 분위기에서 정보를 얻도록 해준다. 게다가 파티는 재미있을 수 있다! 나는 언제나 사교 모임에 참석하려고 노력한다. 중요한 것은 모임에 참석해서 당신이 동료들과 즐거운 시간을 보내고 있음을 모든 사람에게 알리는 일이다. 사람들과 잘 어울리고, 활기를 북돋는 능력은 당신의 명성을 위해서 좋다.

물론 사교 모임에 참석했을 때 즐거운 시간을 보내야 하지만 당신의 주량을 체크하라. 함께 어울려서 술을 마시되, 맨 먼저 집으로 돌아가는 사람들 속에 포함돼 있어야 한다. 나의 경험으로 비춰볼 때 술을 마신 후 2~3시간이 지나면 유쾌한 일은 거의 일어나지 않는다. 사람들과 일찍 헤어져서 휴식을 취하라. 그리고 다음날 비즈니스 회의를 위해 만전을 기하라. 어쨌든 그것은 당신이 가장 높은 점수를 얻는 길이다!

플레이보이와 플레이걸은 승진하지 못한다

절대로 플레이보이나 플레이걸, 혹은 파티광(狂)이라는 이미지를 만들어서는 안 된다. 나는 익히 플레이보이와 파티광이라는 명성을 얻고 있던 몇몇 사람들과 함께 일한 적이 있었다. 그들은 하루 일과가 끝나면 어김없이 유흥 장소를 찾거나, 밤새도록 여자를 찾아 거리를 헤맨다. 마치 그 일이 그들의 본업처럼 보였으며, 그런 생활은 필연적으로 회사에 영향을 미칠 수밖에 없었다. 생각해보라. 그들이 아침 7시 30분에 시작하는 회의에 얼마나 활기찬 모습으로 나타날 수 있겠는가? 당신은 그들이 자신의 능력을 100퍼센트 발휘할 수 있다고 생각하는가? 그렇지 않다.

한번은 출장 중에 남자 동료 두 명이 새벽 3시에 우리가 묵고 있던 호텔로 두 명의 비행 여승무원을 데려온 적이 있었다. 다행히도 나는 옆방에서 잠을 청하고 있었지만, 방 사이의 벽은 종이처럼 얇았다! 다음날 아침, 그들이 회의에 나타났을 때

(덧붙이자면 말쑥한 차림새로) 나는 간밤에 모든 소리를 들었노라고 말했다. 그들은 깜짝 놀랐고 당황스러워했다. 나는 그들에게 다시는 나를 그런 상황에 몰아넣지 말라고 이야기하고는 자리에서 일어섰다. 만약 출장 중이라면 일찍 잠자리에 들어라 (물론 혼자서).

플레이보이, 플레이걸, 파티광은 승진하지 못한다. 한번 이런 종류의 명성을 얻으면 결코 그 명성에서 벗어나지 못할지도 모른다. 그리고 그것은 당신의 경력을 무너뜨릴 것이다.

친구와 일을 별개로 생각하라

직장에서 친구를 만드는 것은 그다지 좋은 생각이 아니다. 당신이 아직 젊고 이제 막 사회생활을 시작했다면 그 위험은 상당히 적다. 그러나 회사에서 당신의 직위가 오름에 따라, 특히 당신이 직원들을 관리하는 위치에 있을 때 우정은 커다란 장애가 된다.

다음과 같은 것들을 생각해보라. 당신이 무언가를 명령하고 지시할 때 당신의 친구가 행복하겠는가? 만약 누군가를 해고해야 할 때 우정이 개입하고 있다면 과연 객관적이고 비즈니스적인 결정을 내릴 수 있겠는가? 또한 친구를 해고하고 난 뒤에도 그와의 우정이 계속 지속될 수 있겠는가?…… 이 밖에도 질문은 끊임없이 이어진다.

최근 시드니에서 한 칵테일파티에 참석했을 때 누군가 내게 이렇게 물었다. "그동안 북아메리카와 오스트레일리아를 오가면서 일하셨으니, 분명 좋은 친구를 몇 분 얻으셨겠지요?" 내가

“아니오, 단 한 명도 없습니다. 직장 동료일 뿐이죠. 친구와 일은 별개거든요”라고 대답하자 그녀가 다소 놀란 표정을 지어 보였다.

일을 통해 친구를 얻는 일은 쉽다. 그러나 현명한 일은 아니다.

인기 있는 사람이 되려고 하지 마라

　회사에서 인기 있는 결정을 내리기란 쉽다. 모든 사람은 인기를 얻고 싶어 한다. 그러나 '옳은 결정이 항상 인기 있는 결정은 아니다' 라는 사실을 명심하라. 단지 쉽다는 이유만으로 잘못된 결정을 내려서는 안 된다. 아무리 인기가 없다고 할지라도, 언제나 옳은 결정을 내려야 한다.

　가장 인기가 없는 결정은 언제나 사람들과 관련된다. 더 많은 사람들이 관련돼 있을수록 인기 또한 더 낮아진다. 나는 지금껏 그런 결정을 네 번 했는데, 일시 해고나 수천 명의 직원들―그리고 그 가족들―이 관련된 퇴출 목록을 작성해야 했을 때였다. 회사에 누구를 '남기고' 누구를 '내보낼 것이냐' 를 결정하는 일은 정말로 고통스럽다. 그 사실을 당사자에게 알리는 일은 더더욱 고통스럽다. 이런 결정은 회사가 생존하고 번영하기 위해 불가피한 일이기는 하지만 극도로 어려운 작업이다. 그리고 당신의 인기는 손상 받게 된다.

만약 당신의 목표가 최고 경영자라면 인기 있는 사람이 되겠
다는 생각을 버려라.

신중하라

오스트레일리아 시드니에 있는 미국 총영사 일린 말로이(Eileen Malloy)는 총영사로서 가장 어려운 점은 절대로 긴장을 늦출 수 없는 일이라고 내게 말한 적이 있다. 그 이유를 묻자, 그녀는 자신이 하는 거의 모든 말이 대단히 왜곡된 방식으로 신문을 장식할 수 있기 때문에 항상 조심할 수밖에 없다고 대답했다.

신중함은 비즈니스에서도 대단히 중요하다. 당신은 회사에서 당신이 신뢰할 수 있는 사람을 반드시 신중하게 선택해야 한다. 기밀을 지켜낼 수 있는 사람은 극히 드물다. 당신이 완전히 신뢰하지 않는 사람에게는 속마음을 털어놓지 마라. 틀림없이 나중에 당신의 발등을 찍을 것이다.

캐나다에 있을 때 나는 한 동료에게 최근 우리가 인수한 회사의 수익이 만족스럽지 못하다고 말하는 실수를 저질렀다. 24시간이 지난 후, 그 회사의 CEO가 내게 전화를 걸었다. 그가

들은 바로는 우리가 그 회사를 곧 폐쇄시킨다는 거였다! 얼마
나 많은 사람들이 진실을 왜곡해왔는지 생각해보라.

당신이 하는 말과 그 말을 누구에게 하느냐에 대해 빈틈이
있어서는 안 된다. 최악의 상황을 예상하고 그에 따른 당신의
생각과 말을 준비하라.

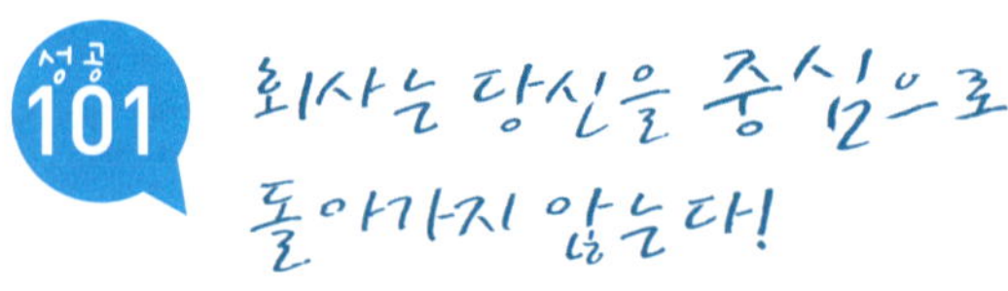

이제 이 책의 마지막 교훈이다. 회사는 당신을 중심으로 돌아가지 않는다. 회사는 번창하기 위해, 그리고 때로는 단지 살아남기 위해 일을 해야 한다. 당신이 필요로 하는 것이 회사가 필요로 하는 것보다 우선하는 경우는 좀처럼 없을 것이다. 비유하자면, 당신은 회사를 돌아가게 만드는 기계의 작은 부품에 불과하다.

당신이 회사보다 더 중요하다고 생각하는 데까지 나아가지 마라. 왜냐하면 아주 간단히 당신은 그렇지 않기 때문이다. 당신은 대체될 수 있다. 회사는 당신을 대신해서, 아마도 당신의 업무를 훌륭히 수행할 다른 누군가를 찾을 수 있다.

현실을 직시하라. 그러면 당신은 성공하고 행복하게 될 것이다.

자, 이제 당신은 이 책을 모두 읽었다. 멋진 일이다. 그러나 가장 중요한 것은 당신이 이 책에서 배운 지식을 앞으로 어떻게 '활용'하느냐이다. 서문에서 내가 했던 조언을 기억하라. '배움의 과정은 당신의 앞길이 올바른 행동을 취하도록 이끌 것이며, 올바른 행동을 취함으로써 당신은 크든 작든 당신이 몸담고 있는 회사 내에서 더 빠른 속도로 앞서 나가게 된다.' 행동을 취하는 당신만의 방식을 찾아라. 세상은 더 훌륭한 리더를 필요로 하고 있다.

내가 아는 어느 동료는 벽에 다음과 같은 현판을 걸어놓았다.

'네가 하겠다고 약속한 일을 하라.'

이것은 분명 인생에 대한 현명한 조언이다. 만약 당신이 위의 글귀처럼 하겠다고 약속한 일을 언제나 하고 있다면 상사는 당신을 훌륭하다고 칭찬할 것이며 더불어 당신의 사회생활도 순조롭고 빠르게 앞서나갈 것이다.

이 책을 책상 위에 올려놓고 이따금씩 재빨리 넘겨보라. 여기에는 성공하기 위해 당신이 해야 할 수많은 일들이 담겨있다. 분명 당신은 가끔씩 이 책을 펼쳐봄으로써 유익함을 얻을 것이다.

열심히, 그리고 민첩하게 일하라. 언제나 미소를 짓고, 당신의 사회생활과 인생을 즐겨라(물론 가족과 함께). 행운을 빈다!

저자 소개

탐 마커트는 '에이씨닐슨'의 글로벌 마케팅과 고객 서비스 임원직을 수행하기 위해 최근에 미국으로 돌아왔다. 미국으로 돌아오기 전 그는 '에이씨닐슨 오스트레일리아'와 '에이씨닐슨 뉴질랜드'의 그룹 최고 경영자이자 '에이씨닐슨 캐나다'의 사장이었다. 그 이전 경력으로는 '프락터 & 갬블'과 종합금융 상담회사 '시티코프'의 경영진을 지냈다.

탐 마커트는 오스트레일리아 전국 농구 연맹의 프로팀 '시드니 킹스'의 공동 소유자이자 전 이사회 회원이다. 또한 오스트레일리아에 있는 동안, '미국 상공 회의소'의 의장직을 수행했고 몇 년간 이사회 회원으로 활동했다. 현재 '젊은 사장단(團)'의 회원이다.

탐 마커트는 아내 사라와 네 명의 자녀들(제크, 애비, 네트, 리베커)과 함께 코네티커트 주 뉴 가나안에 살고 있다. 이 책은 그의 첫 번째 저술이다.